科学计算及其软件教学丛书

数 值 代 数

张诚坚　李东方　编著

科 学 出 版 社

北 京

内 容 简 介

本书是为大学高年级本科生和研究生开设数值代数课程而专门编写的一本教科书，全书共分六章，内容涉及数值代数基础、线性方程组的直接解法、曲线拟合法、线性方程组的经典迭代法、Krylov 子空间方法及非线性方程组的迭代解法. 本书既注重算法理论的严谨性，又突出了算法的实际计算，并配备了常用算法的 Matlab 程序，从而使算法理论与算法实现形成一体化. 此外，本书还配备了适量的理论习题和实验题. 通过认真学习本书、完成其习题，读者可以系统地掌握线性与非线性代数方程组的科学计算知识，并应用于相关专业领域.

本书取材适当，叙述深入浅出，通俗易懂，除适合于本科生和研究生作为教材外，也可作为科研工作者和工程技术人员的参考书.

图书在版编目（CIP）数据

数值代数/张诚坚，李东方编著. —北京：科学出版社，2016. 6
(科学计算及其软件教学丛书)
ISBN 978-7-03-048444-4

I. ①数… II. ①张… ②李… III. ①线性代数计算法 IV. ①O241.6

中国版本图书馆 CIP 数据核字 (2016) 第 114511 号

责任编辑：张中兴／责任校对：彭 涛
责任印制：赵 博／封面设计：陈 敬

科学出版社 出版
北京东黄城根北街 16 号
邮政编码：100717
http://www.sciencep.com

北京富资园科技发展有限公司印刷

科学出版社发行 各地新华书店经销

*

2016 年 6 月第 一 版 开本：720 × 1000 1/16
2025 年 7 月第六次印刷 印张：7
字数：140 000

定价：28.00 元

(如有印装质量问题，我社负责调换)

《科学计算及其软件教学丛书》序

随着国民经济的快速发展，科学和技术研究中提出的计算问题越来越多, 越来越复杂. 计算机及其应用软件的迅猛发展为这些计算问题的解决创造了良好的条件, 而培养一大批以数学和计算机为主要工具, 研究各类问题在计算机上求解的数学方法及计算机应用软件的专业人才也越来越迫切.

1998 年前后, 教育部着手对大学数学专业进行调整, 将计算数学及其应用软件、信息科学、运筹与控制专业合并, 成立了 “信息与计算科学专业”. 该专业成立之初, 在培养目标、指导思想、课程设置、教学规范等方面存在不少争议, 教材建设也众说纷纭. 科学出版社的编辑曾多次找我, 就该专业的教材建设问题与我有过多次的讨论. 2005 年 11 月在大连理工大学召开的第九届全国高校计算数学年会上, 还专门讨论了教材编写工作, 并成立了编委会. 在会上, 编委会就教材编写的定位和特色等问题进行了讨论并达成了共识. 按照教育部数学与统计学教学指导委员会起草的 “信息与计算科学专业教学规范” 的要求, 决定邀请部分高校教学经验丰富的教师编写一套教材, 定名为 “科学计算及其软件教学丛书”. 该丛书涵盖信息与计算科学专业的大部分核心课程, 偏重计算数学及应用软件. 丛书主要面向研究与教学型、教学型大学信息与计算科学专业的本科生和研究生. 为此, 科学出版社曾调研了国内不同层次的上百所学校, 听取了广大教师的意见和建议. 这套丛书将于今年秋季问世, 第一批包括《小波分析》、《数值逼近》等十余本教材. 选材上强调科学性、系统性, 内容力求深入浅出, 简明扼要.

丛书的编委和各位作者为丛书的出版做了大量的工作, 在此表示衷心的感谢. 我们诚挚地希望这套丛书能为信息与计算科学专业教学的发展起到积极的推动作用, 也相信丛书在各方面的支持与帮助下会越出越好.

石钟慈

2007 年 7 月

前　言

数值代数是计算数学领域的一个重要分支, 其中线性与非线性代数方程的求解是一个古老而基础的研究课题. 许多自然现象需要用线性或非线性代数方程来模拟, 常微分方程、偏微分方程及最优化问题等的数值求解最终往往归结为线性或非线性代数方程的计算. 据《九章算术》记载, 早在公元一世纪前后, 我国古代数学家就掌握了一元二次方程和多元一次方程的求解方法. 两千多年后的今天, 就代数方程组的精确与数值求解而言, 我们已拥有众多求解方法. 但是, 随着科学技术的迅猛发展, 一些高病态、大规模的线性与非线性代数方程在自然科学和工程技术领域不断呈现, 其经典计算方法已不能有效求解这些方程. 如何构造高速、高效、高精度的代数方程算法已成为当今科学计算领域面临的重大挑战性问题. 要在这一挑战性问题方面有所作为, 其必由之路是充分利用现代数学分析工具及先进的计算机功能改造已有的相关算法.

数值代数是每一位科研人员和工程技术人员所必备的知识, 也是每一位理工科大学生和研究生必修的重要课程, 本书为顺应这一知识需求而编写. 数值代数包含十分丰富的内容, 但是作为一门基础课教材, 不可能也不必要面面俱到, 重要的是使读者通过一些典型、通用的数值计算方法掌握其方法构造的基本思想及其实现技巧, 从而达到触类旁通的效果. 本书取材适当, 用语深入浅出、通俗易懂, 以介绍通用的线性与非线性代数方程数值算法为基础, 同时也引入了现代算法的知识内容. 书中既注重算法理论的严谨性, 又突出了算法的实际计算, 并配备了常用算法的 Matlab 程序及实验题, 从而使算法理论与算法实现形成一体化.

全书共六章, 内容涉及数值代数基础、线性方程组的直接解法、曲线拟合法、线性方程组的经典迭代法、Krylov 子空间方法及非线性方程组的迭代解法, 该内容的讲授约需 56 学时, 其中包括课堂教学 48 学时和实验教学 8 学时, 各学校也可按其教学计划对学时进行适当调整.

在编写本书过程中, 得到了华中科技大学教务处及科学出版社的支持, 同时也获得了国内外同行的鼓励, 编者对此深表感谢. 由于编者水平所限, 仓促付梓, 书中必有疏漏之处, 诚望读者指正.

张诚坚　李东方

2015 年 6 月于华中科技大学喻园

目　　录

第 1 章　数值代数基础

数值代数主要涉及线性与非线性代数方程的求解, 其算法构造和算法理论在很大程度上倚重于基础代数、数学分析、泛函分析等基本知识. 鉴于前面课程对相关知识存在着一些遗缺, 本章作为其补充将介绍向量范数、矩阵范数、Householder 变换、向量微积分及不动点原理等知识内容, 为后续数值代数的学习奠定一个良好的基础.

1.1　向 量 范 数

向量范数是向量的一种主要测度, 也是研究向量不可缺失的重要工具, 本节将主要介绍该概念及其重要性质.

定义 1.1　称 n 维实空间 $\mathbb{R}^n$ 上的一个非负函数 $\|\cdot\|$ 为范数, 若其满足

(1) $\|x\|=0$ 当且仅当 $x=0,\ x\in\mathbb{R}^n$;

(2) $\|\alpha x\|=|\alpha|\|x\|,\ \ \forall\alpha\in\mathbb{R},\ \forall x\in\mathbb{R}^n$;

(3) $\|x+y\|\leqslant\|x\|+\|y\|,\ \ \forall x,y\in\mathbb{R}^n$.

以下将主要涉及 $l_p\ (1\leqslant p\leqslant+\infty)$ 范数:

$$\|x\|_p=\left(\sum_{i=1}^{n}|x_i|^p\right)^{\frac{1}{p}},\quad x=[x_1,\ x_2,\ \cdots,\ x_n]^{\mathrm{T}}\in\mathbb{R}^n$$

及 l_∞ 范数:

$$\|x\|_\infty\triangleq\lim_{p\to\infty}\|x\|_p=\max_{1\leqslant i\leqslant n}|x_i|.$$

对于 n 维实空间 $\mathbb{R}^n$ 上的任意两种范数 $\|\cdot\|$ 和 $\|\cdot\|'$, 有如下范数等价定理.

定理 1.1　若 $\|\cdot\|$ 与 $\|\cdot\|'$ 为 $\mathbb{R}^n$ 上的任意两种范数, 则存在常数 $C_2\geqslant C_1>0$ 使得

$$C_1\|x\|\leqslant\|x\|'\leqslant C_2\|x\|,\quad\forall x\in\mathbb{R}^n.$$

上述范数等价定理也可推广到任意有限维线性赋范空间. 下面, 基于定理 1.1 探讨向量序列的收敛性问题. 设有向量序列

$$\{x^{(k)}:\ x^{(k)}=[x_1^{(k)},\ x_2^{(k)},\ \cdots,\ x_n^{(k)}]^{\mathrm{T}}\in\mathbb{R}^n\},$$

若其满足

$$\lim_{k\to\infty} x_i^{(k)} = x_i, \quad i=1,2,\cdots,n,$$

则称**序列** $\{x^{(k)}\}$ **收敛于向量** $x=[x_1,\ x_2,\ \cdots,\ x_n]^{\mathrm{T}}$. 根据该向量序列收敛概念及向量范数性质, 有如下向量序列的收敛判据.

定理 1.2　在空间 $\mathbb{R}^n$ 中, 序列 $\{x^{(k)}\}$ 收敛于向量 x 的充要条件是存在向量范数 $\|\cdot\|$, 使得 $\lim\limits_{k\to\infty}\|x^{(k)}-x\|=0$.

证明　一方面, 若序列 $\{x^{(k)}\}$ 收敛于向量 x, 则 $\lim\limits_{k\to\infty}\|x^{(k)}-x\|_\infty=0$. 另一方面, 若存在范数 $\|\cdot\|$ 使得 $\lim\limits_{k\to\infty}\|x^{(k)}-x\|=0$, 则由定理 1.1, 存在常数 $C_2\geqslant C_1>0$, 使得

$$C_1\|x^{(k)}-x\|\leqslant\|x^{(k)}-x\|_\infty\leqslant C_2\|x^{(k)}-x\|.$$

因此, 由夹逼定理知 $\lim\limits_{k\to\infty}\|x^{(k)}-x\|_\infty=0$, 故 $\{x^{(k)}\}$ 收敛于 x. ■

1.2 矩 阵 范 数

矩阵范数是矩阵的一种测度, 其在研究矩阵及矩阵间关系中起着非常重要的作用. 本节将主要介绍矩阵的从属范数, 对于一般矩阵范数及其性质可进一步参见文献 [1, 2, 3].

定义 1.2　设 A 为 n 阶方阵, $\|\cdot\|$ 为 $\mathbb{R}^n$ 中的某范数, 则称

$$\max_{\|x\|=1}\|Ax\| \quad (x\in\mathbb{R}^n)$$

为矩阵 A 的从属于该向量范数的范数, 记为 $\|A\|$.

利用定义 1.2 可直接推得矩阵范数具有如下常用性质:

(1) 对任意 n 阶方阵 A 有 $\|A\|\geqslant 0$, 且 $\|A\|=0$ 当且仅当 $A=0$;

(2) 对任意实数 k 及任意 n 阶方阵 A, 有 $\|kA\|=|k|\|A\|$;

(3) 对 $\forall x\in\mathbb{R}^n$ 及任意 n 阶方阵 A, 有 $\|Ax\|\leqslant\|A\|\|x\|$;

(4) 对任意两个 n 阶方阵 A,B, 有

$$\|A+B\|\leqslant\|A\|+\|B\|, \quad \|AB\|\leqslant\|A\|\|B\|.$$

下面进一步给出矩阵范数的系列性质. 首先, 由矩阵范数的定义及上述常用性质可推得矩阵范数与向量范数之间存在着一定的从属关系.

定理 1.3　设 $A=(a_{ij})$ 为 n 阶实方阵, 则从属于 $l_1,\ l_2,\ l_\infty$ 范数的矩阵范数分别为

$$\|A\|_1=\max_{1\leqslant j\leqslant n}\sum_{i=1}^n|a_{ij}|, \tag{1.1}$$

$$\|A\|_2 = \sqrt{\rho(A^{\mathrm{T}}A)}, \tag{1.2}$$

$$\|A\|_\infty = \max_{1\leqslant i\leqslant n}\sum_{j=1}^{n}|a_{ij}|, \tag{1.3}$$

其中 $\rho(A^{\mathrm{T}}A) = \max\limits_{1\leqslant i\leqslant n}|\lambda_i|$ 表示矩阵 $A^{\mathrm{T}}A$ 的谱半径, λ_i 为其第 i 个特征值.

证明 式 (1.1) 的证明: 一方面, $\forall x=[x_1,x_2,\cdots,x_n]^{\mathrm{T}}\in\{x\in\mathbb{R}^n:\|x\|_1=1\}$, 有

$$\|Ax\|_1 = \sum_{i=1}^{n}\left|\sum_{j=1}^{n}a_{ij}x_j\right| \leqslant \sum_{j=1}^{n}|x_j|\sum_{i=1}^{n}|a_{ij}| \leqslant \max_{1\leqslant j\leqslant n}\sum_{i=1}^{n}|a_{ij}|.$$

因此 $\|A\|_1 \leqslant \max\limits_{1\leqslant j\leqslant n}\sum\limits_{i=1}^{n}|a_{ij}|$. 另一方面, 若记 k 为使得 $\sum\limits_{i=1}^{n}|a_{ik}| = \max\limits_{1\leqslant j\leqslant n}\sum\limits_{i=1}^{n}|a_{ij}|$ 成立的正整数, 且取单位向量 $e_k = [\underbrace{0,\ 0,\ \cdots,0}_{k-1},\ 1,\ \underbrace{0,\ \cdots,0}_{n-k}]^{\mathrm{T}}$, 则有

$$\|A\|_1 \geqslant \|Ae_k\|_1 = \sum_{i=1}^{n}|a_{ik}| = \max_{1\leqslant j\leqslant n}\sum_{i=1}^{n}|a_{ij}|.$$

故等式 (1.1) 成立.

式 (1.2) 的证明: 由于 $A^{\mathrm{T}}A$ 为对称非负定阵, 则其特征值 $\lambda_i\ (i=1,2,\cdots,n)$ 非负, 且存在 n 阶正交方阵 H 使得

$$A^{\mathrm{T}}A = H^{\mathrm{T}}\mathrm{diag}(\lambda_1,\lambda_2,\cdots,\lambda_n)H.$$

此外, $\forall x\in\{x\in\mathbb{R}^n:\ \|x\|_2=1\}$, 若记 $Hx = y = [y_1,\ y_2,\ \cdots,\ y_n]^{\mathrm{T}}$, 则有

$$\sum_{i=1}^{n}y_i^2 = \|y\|_2^2 = x^{\mathrm{T}}H^{\mathrm{T}}Hx = \|x\|_2^2 = 1.$$

因此

$$\|Ax\|_2^2 = x^{\mathrm{T}}A^{\mathrm{T}}Ax = (Hx)^{\mathrm{T}}\mathrm{diag}(\lambda_1,\ \lambda_2,\ \cdots,\ \lambda_n)(Hx) = \sum_{i=1}^{n}\lambda_i y_i^2 \leqslant \max_{1\leqslant i\leqslant n}\lambda_i,$$

从而 $\|A\|_2 \leqslant \sqrt{\rho(A^{\mathrm{T}}A)}$. 若 $\tilde{x}$ 为矩阵 $A^{\mathrm{T}}A$ 的从属于 $\rho(A^{\mathrm{T}}A)$ 的单位特征向量, 则

$$\|A\|_2^2 \geqslant \|A\tilde{x}\|_2^2 = \tilde{x}^{\mathrm{T}}A^{\mathrm{T}}A\tilde{x} = \tilde{x}^{\mathrm{T}}\rho(A^{\mathrm{T}}A)\tilde{x} = \rho(A^{\mathrm{T}}A)\|\tilde{x}\|_2^2 = \rho(A^{\mathrm{T}}A),$$

即 $\|A\|_2 \geqslant \sqrt{\rho(A^{\mathrm{T}}A)}$. 故式 (1.2) 得证.

式 (1.3) 的证明: 一方面, $\forall x=[x_1,\ x_2,\ \cdots,\ x_n]^{\mathrm{T}} \in \{x\in\mathbb{R}^n:\ \|x\|_\infty=1\}$, 有

$$\|Ax\|_\infty = \max_{1\leqslant i\leqslant n}\left|\sum_{j=1}^{n} a_{ij}x_j\right| \leqslant \max_{1\leqslant i\leqslant n}\sum_{j=1}^{n}|a_{ij}||x_j| \leqslant \max_{1\leqslant i\leqslant n}\sum_{j=1}^{n}|a_{ij}|.$$

因此 $\|A\|_\infty \leqslant \max\limits_{1\leqslant i\leqslant n}\sum\limits_{j=1}^{n}|a_{ij}|$. 另一方面, 若记 k 为使得 $\sum\limits_{j=1}^{n}|a_{kj}| = \max\limits_{1\leqslant i\leqslant n}\sum\limits_{j=1}^{n}|a_{ij}|$ 成立的正整数, 且取单位向量 $\hat{x}=[\hat{x}_1,\ \hat{x}_2,\ \cdots,\ \hat{x}_n]^{\mathrm{T}}$, 其中

$$\hat{x}_j = \begin{cases} 1, & a_{kj}=0, \\ a_{kj}/|a_{kj}|, & a_{kj}\neq 0, \end{cases} \quad j=1,2,\cdots,n,$$

则有

$$\|A\hat{x}\|_\infty = \max_{1\leqslant i\leqslant n}\left|\sum_{j=1}^{n} a_{ij}\hat{x}_j\right| \geqslant \left|\sum_{j=1}^{n} a_{kj}\hat{x}_j\right| = \sum_{j=1}^{n}|a_{kj}| = \max_{1\leqslant i\leqslant n}\sum_{j=1}^{n}|a_{ij}|.$$

因此 $\|A\|_\infty \geqslant \max\limits_{1\leqslant i\leqslant n}\sum\limits_{j=1}^{n}|a_{ij}|$. 故等式 (1.3) 成立. ■

此外, 矩阵范数与谱半径之间还存在如下关系.

定理 1.4　设 A 为 n 阶方阵, 则对任意矩阵范数 $\|\cdot\|$ 有 $\rho(A)\leqslant\|A\|$.

证明　设 λ 为方阵 A 的任一特征值, x 为其相应的特征向量, 则

$$|\lambda|\|x\| = \|\lambda x\| = \|Ax\| \leqslant \|A\|\|x\|,$$

即 $|\lambda|\leqslant\|A\|$. 故 $\rho(A)\leqslant\|A\|$. ■

定理 1.5　$\forall\varepsilon>0$, 必存在 $\mathbb{R}^{n\times n}$ 中的某范数 $\|\cdot\|$ 使得

$$\|A\|\leqslant\rho(A)+\varepsilon, \quad \text{这里 } A \text{ 为任意 } n \text{ 阶方阵}.$$

证明　设存在可逆阵 $P\in\mathbb{R}^{n\times n}$ 使得 A 具有如下 Jordan 分解:

$$A=PJP^{-1}, \quad \text{这里}J\text{为}A\text{的 Jordan 标准形矩阵}.$$

记 $D=\mathrm{diag}(1,\varepsilon,\varepsilon^2,\cdots,\varepsilon^{n-1})$, $\hat{J}=D^{-1}JD$, $Q=PD$, 且 $\forall x\in\mathbb{R}^n$ 定义

$$y=Q^{-1}x, \quad \|x\|=\|y\|_\infty.$$

直接计算可得

$$\|\hat{J}\|_\infty\leqslant\rho(A)+\varepsilon,$$

且有

$$\begin{aligned}\|A\| &= \max_{\|x\|=1}\|Ax\| = \max_{\|Q^{-1}x\|_\infty=1}\|Q^{-1}Ax\|_\infty \\ &= \max_{\|y\|_\infty=1}\|Q^{-1}AQy\| = \max_{\|y\|_\infty=1}\|\hat{J}y\|_\infty = \|\hat{J}\|_\infty.\end{aligned}$$

因此, $\|A\| \leqslant \rho(A)+\varepsilon$. ■

下面, 继续探讨矩阵范数的极限性质. 为此, 引入矩阵序列收敛概念. 设有矩阵序列 $\{A^{(k)} | A^{(k)} = (a_{ij}^{(k)}) \in \mathbb{R}^{n\times n}\}$, 若其满足

$$\lim_{k\to\infty} a_{ij}^{(k)} = a_{ij}, \quad i,j=1,2,\cdots,n,$$

则称**矩阵序列** $\{A^{(k)}\}$ **收敛于矩阵** $A=(a_{ij})$, 且记为 $\lim\limits_{k\to\infty} A^{(k)} = A$. 利用矩阵范数的等价性定理及类似于定理 1.2 的证明可获得矩阵序列的收敛性结果.

定理 1.6 设有矩阵序列 $\{A^{(k)}\}\subset\mathbb{R}^{n\times n}$, 则 $\lim\limits_{k\to\infty} A^{(k)} = A$ 的充要条件是存在矩阵范数 $\|\cdot\|$, 使得 $\lim\limits_{k\to\infty}\|A^{(k)}-A\|=0$.

定理 1.7 $\forall A\in\mathbb{R}^{n\times n}$, $\lim\limits_{m\to\infty} A^m = 0$ 的充要条件是 $\rho(A)<1$.

证明 根据定理 1.6, 本定理仅需证明: 对某矩阵范数 $\|\cdot\|$, $\lim\limits_{m\to\infty}\|A^m\|=0$ 的充要条件是 $\rho(A)<1$. 事实上, 一方面由谱半径定义及定理 1.4, 有

$$[\rho(A)]^m = \rho(A^m) \leqslant \|A^m\| \to 0 \quad (m\to\infty),$$

从而 $\rho(A)<1$. 另一方面, 由于 $\rho(A)<1$, 则存在 $\varepsilon>0$, 使得

$$\rho(A)+\varepsilon<1.$$

进一步, 由定理 1.5, 存在 $\mathbb{R}^{n\times n}$ 中某范数 $\|\cdot\|$ 使得

$$\|A^m\| \leqslant \|A\|^m \leqslant [\rho(A)+\varepsilon]^m \to 0 \quad (m\to\infty).$$

由此得 $\lim\limits_{m\to\infty}\|A^m\|=0$. ■

基于上述矩阵范数性质, 进一步可导出如下重要结果.

定理 1.8 设有 n 阶方阵 A, 若存在矩阵范数 $\|\cdot\|$, 使得 $\|A\|<1$, 则 $I-A$ 非奇异, 且有

$$\frac{1}{1+\|A\|} \leqslant \|(I-A)^{-1}\| \leqslant \frac{1}{1-\|A\|},$$

其中 I 为 n 阶单位阵.

证明 记矩阵 A 的特征值为 λ_i^A $(i=1,2,\cdots,n)$. 由于

$$\rho(A) = \max_{1\leqslant i\leqslant n}|\lambda_i^A| \leqslant \|A\| < 1,$$

则 $I - A$ 非奇异, 且根据定理 1.7 有 $\lim\limits_{k\to\infty} A^k = 0$. 又由

$$(I - A)(I + A + A^2 + \cdots + A^k) = I - A^{k+1}$$

得

$$I + A + A^2 + \cdots + A^k = (I - A)^{-1}(I - A^{k+1}).$$

因此, 令 $k \to \infty$ 得 $(I - A)^{-1} = \sum\limits_{k=0}^{\infty} A^k$, 且

$$\|(I - A)^{-1}\| \leqslant \sum_{k=0}^{\infty} \|A\|^k = \frac{1}{1 - \|A\|}.$$

此外, 我们有

$$\|(I - A)^{-1}\| = \|I + A(I - A)^{-1}\| \geqslant 1 - \|A\|\|(I - A)^{-1}\|.$$

因此

$$\|(I - A)^{-1}\| \geqslant \frac{1}{1 + \|A\|}.$$

故本定理获证. ■

下述定理反映了可逆矩阵的摄动性质, 故称之为**摄动定理**.

定理 1.9　设矩阵 $A, B \in \mathbb{R}^{n\times n}$, 其中 A 可逆, 且存在矩阵范数 $\|\cdot\|$ 使得

$$\|A^{-1}\| \leqslant \alpha, \quad \|A - B\| \leqslant \beta, \quad \alpha\beta < 1,$$

则矩阵 B 也可逆, 且

$$\|B^{-1}\| \leqslant \frac{\alpha}{1 - \alpha\beta}.$$

证明　由已知条件有

$$\|I - A^{-1}B\| = \|A^{-1}(A - B)\| \leqslant \alpha\beta < 1,$$

又 $A^{-1}B = I - (I - A^{-1}B)$, 故根据定理 1.8, $A^{-1}B$ 可逆, 从而 B 也可逆, 且有

$$\|B^{-1}\| = \|[I - (I - A^{-1}B)]^{-1}A^{-1}\| \leqslant \|[I - (I - A^{-1}B)]^{-1}\|\|A^{-1}\| \leqslant \frac{\alpha}{1 - \alpha\beta}.$$ ■

1.3 Householder 变换

本节将引入一类正交变换——Householder 变换, 其在线性方程组的 QR 解法及最小二乘问题的正交化方法中有着重要应用.

定义 1.3 设 I 为一个 n 阶单位阵, 向量 $\omega \in \mathbb{R}^n$ 满足 $\|\omega\|_2 = 1$, 则称

$$H = I - 2\omega\omega^{\mathrm{T}}$$

为一个 Householder 变换.

Householder 变换具有如下常用性质.

定理 1.10 设 $H \in \mathbb{R}^{n\times n}$ 为一个 Householder 变换, 则其满足

$$H^{\mathrm{T}} = H, \quad H^{\mathrm{T}}H = HH^{\mathrm{T}} = I, \quad H^2 = I; \tag{1.4}$$

且若 $x \in \mathbb{R}^n$ 可表示为

$$x = u + \alpha\omega, \quad 其中\ u \in \mathrm{Span}\{\omega\}^{\perp},\ \alpha \in \mathbb{R},$$

则

$$Hx = u - \alpha\omega. \tag{1.5}$$

证明 式 (1.4) 中诸等式可由定义 1.3 直接验证, 以下仅证性质 (1.5). 由已知条件 $u^{\mathrm{T}}\omega = 0$ 和 $\|\omega\|_2 = 1$, 有

$$Hx = (I - 2\omega\omega^{\mathrm{T}})(u + \alpha\omega) = u + \alpha\omega - 2\omega\omega^{\mathrm{T}}u - 2\alpha\omega\omega^{\mathrm{T}}\omega = u - \alpha\omega.$$

故定理获证. ■

性质 (1.4) 表明 Householder 变换具有对称性、正交性及对合性, 而性质 (1.5) 则表明 Householder 变换 H 具有如图 1.1 所示的镜像反射性.

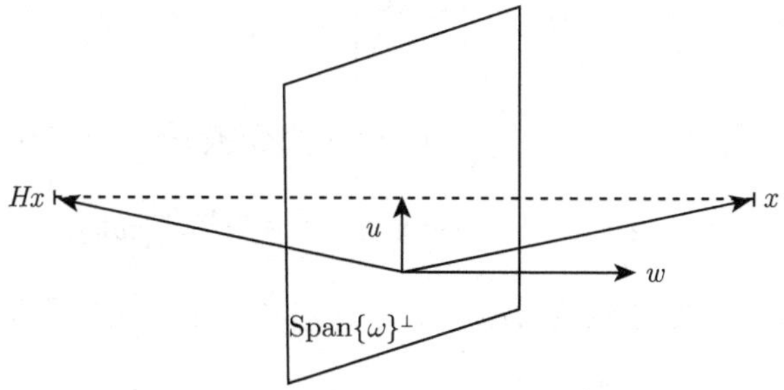

图 1.1 Householder 变换的镜像反射性

定理 1.11 对于任意给定的非零向量 $x = [x_1, x_2, \cdots, x_n]^{\mathrm{T}} \in \mathbb{R}^n$, 存在着 Householder 变换 H 使得

$$Hx = \alpha e_1, \quad 其中\ \ \alpha = \pm\|x\|_2. \tag{1.6}$$

证明　根据定理 1.10 中 Householder 变换的镜像反射性, 可取

$$\omega = \frac{x - \alpha e_1}{\|x - \alpha e_1\|_2}, \quad 其中 \ \ \alpha = \pm\|x\|_2. \tag{1.7}$$

且有

$$\|x - \alpha e_1\|_2^2 = (x - \alpha e_1)^{\mathrm{T}}(x - \alpha e_1) = \|x\|^2 - 2\alpha x_1 + \alpha^2 = 2(\|x\|^2 - \alpha x_1).$$

因此

$$Hx = (I - 2\omega\omega^{\mathrm{T}})x = \left[1 - \frac{2\left(\|x\|_2^2 - \alpha x_1\right)}{\|x - \alpha e_1\|_2^2}\right]x + \frac{2\left(\|x\|_2^2 - \alpha x_1\right)}{\|x - \alpha e_1\|_2^2}\alpha e_1 = \alpha e_1. \quad ■$$

性质 (1.6) 表明: 对于任意给定的非零向量 $x = [x_1,\ x_2,\ \cdots,\ x_n]^{\mathrm{T}} \in \mathbb{R}^n$, 总可找到一个 Householder 变换 H 使其后 $n-1$ 个分量变换为零. 事实上, 由数学归纳法可证: 对于任意给定的非零向量 x, 均可找到 Householder 变换 H 使其自任意分量后的分量均变换为零. 下面给出一个例子.

例 1.1　设 $x=[1,1,-2,2]^{\mathrm{T}}$, 求一个 Householder 变换 H 及一个正数 α, 使得

$$Hx = [1,\ \alpha,\ 0,\ 0]^{\mathrm{T}}.$$

解　由于 H 是一个正交变换, 则

$$(Hx)^{\mathrm{T}}Hx = x^{\mathrm{T}}(H^{\mathrm{T}}H)x = x^{\mathrm{T}}x,$$

即 $1 + \alpha^2 = 10$, 从而 $\alpha = 3$. 今构造正交变换

$$H = \begin{bmatrix} 1 & 0 \\ 0 & \tilde{H} \end{bmatrix} \in \mathbb{R}^4,$$

其中, $\tilde{H} = I_3 - 2\tilde{\omega}\tilde{\omega}^{\mathrm{T}}$, $\tilde{\omega} \in \mathbb{R}^3 : \|\tilde{\omega}\|_2 = 1$. 该正交变换是一个 Householder 变换, 且

$$H = I_4 - 2\omega\omega^{\mathrm{T}}, \quad \omega = [0,\ \tilde{\omega}^{\mathrm{T}}]^{\mathrm{T}} \in \mathbb{R}^4, \quad \|\omega\|_2 = 1.$$

若要 $Hx=[1,\ 3,\ 0,\ 0]^{\mathrm{T}}$, 则必须有 $\tilde{H}\tilde{x}=3e_1$, 这里 $\tilde{x}=[1,\ -2,\ 2]^{\mathrm{T}}$, $e_1 = [1,0,0]^{\mathrm{T}}$. 取

$$\tilde{\omega} = \frac{\tilde{x} - 3e_1}{\|\tilde{x} - 3e_1\|_2} = \frac{1}{\sqrt{3}}[-1,\ -1,\ 1]^{\mathrm{T}},$$

从而

$$\tilde{H} = I_3 - 2\tilde{\omega}\tilde{\omega}^{\mathrm{T}} = \frac{1}{3}\begin{bmatrix} 1 & -2 & 2 \\ -2 & 1 & 2 \\ 2 & 2 & 1 \end{bmatrix},$$

故

$$H = \frac{1}{3}\begin{bmatrix} 3 & 0 & 0 & 0 \\ 0 & 1 & -2 & 2 \\ 0 & -2 & 1 & 2 \\ 0 & 2 & 2 & 1 \end{bmatrix}. \qquad \blacksquare$$

由式 (1.7) 可知, Householder 变换可运行计算机程序获得. 在给出其计算程序之前, 我们需要考虑几个优化其程序的相关问题. 首先, Householder 变换的计算涉及 x 的 2-范数 $\|x\|_2$, 为避免其过大或过小而产生计算机溢出, 将以

$$[\tilde{x}_1, \tilde{x}_2, \cdots, \tilde{x}_n]^{\mathrm{T}} = \tilde{x} = x/\|x\|_\infty$$

为基础导出 Householder 变换, 其 "化零" 功能与基于 x 导出的 Householder 变换是相同的. 其次, 注意到

$$v := \tilde{x} - \|\tilde{x}\|_2 e_1 = \left[-\sum_{i=2}^{n} \tilde{x}_i^2/(\tilde{x}_1 + \|\tilde{x}\|_2),\ \tilde{x}_2,\ \cdots,\ \tilde{x}_n \right]^{\mathrm{T}},$$

$$H = I - 2\omega\omega^{\mathrm{T}} = I - \beta v v^{\mathrm{T}}, \quad 这里\ \beta = 2/\|v\|_2^2.$$

因此, 我们只需计算上述式子中的 v, β 即可求得 Householder 变换 H, 其具体计算程序如下:

算法 1.1 Householder 变换法

```
function[v,beta]=householder(x)
 n=length(x); eta=norm(x,inf); x=x/eta;
 sigma=x(2:n)'*x(2:n); v=x; v(1)=1;
if sigma==0
    beta=0;
else
      alpha=sqrt(x(1)^2+sigma);
    if x(1)<=0
        v(1)=x(1)-alpha;
    else
        v(1)=-sigma/(x(1)+alpha);
    end
      beta=2*v(1)^2/(sigma+v(1)^2);
      v=v/v(1);
end
```

在该算法中, 我们将 v 除以 $v(1)$ 是为了在后续相关算法应用中节省计算存储.

1.4 向量微积分

本节引入向量微积分概念及其相关结论, 限于篇幅, 主要介绍其概念和结果, 而略去某些结果的证明, 有兴趣的读者可进一步参阅文献 [4, 5].

定义 1.4 称函数 $F:\ D \subset \mathbb{R}^n \to \mathbb{R}^m$ 在点 $x_0 \in D$ 处是连续的, 若分别存在 $\mathbb{R}^m$ 和 $\mathbb{R}^n$ 中的范数 $\|\cdot\|$ 和 $|\cdot|$, 使得对于任意给定的 $\varepsilon > 0$, 存在着 $\delta > 0$, 当 $|x - x_0| < \delta$ 时, 有 $\|F(x) - F(x_0)\| < \varepsilon$. 若函数 $F(x)$ 在区域 D 上任一点连续, 则称 $F(x)$ 在区域 D 上连续.

以下, 记区域 D 上的一切 m 维连续函数组成的函数类为 $\mathbb{C}(D, \mathbb{R}^m)$.

定义 1.5 称函数 $F:\ D \subset \mathbb{R}^n \to \mathbb{R}^m$ 在点 $x \in D$ 处是强可微的 (或 Fréchet 可微的、F-可微的), 若存在矩阵 $A = (a_{ij}) \in \mathbb{R}^{m\times n}$ 及 $\mathbb{R}^m$ 和 $\mathbb{R}^n$ 中的范数 $\|\cdot\|$ 和 $|\cdot|$, 使得

$$\lim_{h\to 0} \frac{\|F(x+h) - F(x) - Ah\|}{|h|} = 0. \tag{1.8}$$

此时, 称矩阵 A 为函数 F 在点 x 处的强导数 (或 Fréchet 导数、F-导数), 并记为 $F'(x)$ 或 $\dfrac{\mathrm{d}F(x)}{\mathrm{d}x}$. 特别, 当取 $h = t\tilde{h}$ $(t \in \mathbb{R} : t \to 0,\ \tilde{h} \in \mathbb{R}^n)$ 时, 若 (1.8) 成立, 则称函数 F 在点 x 处是弱可微的 (或 Gateaux 可微的、G-可微的), 矩阵 A 为函数 F 在点 x 处的弱导数 (或 Gateaux 导数、G-导数), 并仍记为 $F'(x)$ 或 $\dfrac{\mathrm{d}F(x)}{\mathrm{d}x}$.

由以上定义可知, 当函数 F 在点 x 处 F-可微时, 其必在点 x 处连续且 G-可微. 反之, 则不然. 但当 F 在点 x 处连续 G-可微时, F 在点 x 处 F-可微. 此外, 若记 $F = [f_1,\ f_2,\ \cdots,\ f_m]^{\mathrm{T}} \in \mathbb{R}^m$, $h = [h_1,\ h_2,\ \cdots,\ h_n]^{\mathrm{T}} \in \mathbb{R}^n$, 则由范数等价定理, 式 (1.8) 等价于

$$\lim_{h\to 0} \frac{\left| f_i(x+h) - f_i(x) - \sum_{j=1}^{n} a_{ij} h_j \right|}{|h|} = 0, \quad i = 1, 2, \cdots, m. \tag{1.9}$$

在上式中取

$$h = te_j, \quad t \in \mathbb{R} : t \to 0, \quad e_j = [\underbrace{0, \cdots, 0}_{j-1}, 1, \underbrace{0, \cdots, 0}_{n-j}]^{\mathrm{T}},$$

则对于 $i = 1, 2, \cdots, m;\ j = 1, 2, \cdots, n$, 有

$$\lim_{t\to 0} \frac{\left| f_i(x + te_j) - f_i(x) - ta_{ij} \right|}{|t||e_j|} = 0,$$

即

$$\lim_{t\to 0}\frac{f_i(x+te_j)-f_i(x)}{t}=a_{ij}. \tag{1.10}$$

因此, 当函数 F 在点 x 处 F-可微或 G-可微时, 其相应导数

$$F'(x)=\begin{bmatrix}\dfrac{\partial f_1(x)}{\partial x_1} & \dfrac{\partial f_1(x)}{\partial x_2} & \cdots & \dfrac{\partial f_1(x)}{\partial x_n}\\ \dfrac{\partial f_2(x)}{\partial x_1} & \dfrac{\partial f_2(x)}{\partial x_2} & \cdots & \dfrac{\partial f_2(x)}{\partial x_n}\\ \vdots & \vdots & & \vdots\\ \dfrac{\partial f_m(x)}{\partial x_1} & \dfrac{\partial f_m(x)}{\partial x_2} & \cdots & \dfrac{\partial f_m(x)}{\partial x_n}\end{bmatrix}.$$

上式也称为函数 $F(x)$ 关于 x 的 Jacobi 矩阵, 其转置阵称为 $F(x)$ 关于 x 的梯度, 记为 $\nabla F(x)$ 或 $\mathrm{grad}(F(x))$. 值得注意的是: 诸偏导数 $\dfrac{\partial f_i(x)}{\partial x_j}$ 存在并不意味着 G-导数存在, 只有当诸偏导数 $\dfrac{\partial f_i(x)}{\partial x_j}$ 连续时才可保证 G-导数存在. 类似地, 还可在 $F'(x)$ 的基础上定义 $F(x)$ 的二阶 F-导数、G-导数及其高阶导数.

类似于一元微分学, 可导出如下多元微分学性质:

(1) **线性性质** 若 $F(x)$ 和 $G(x)$ 在点 x 处 F-(或 G-) 可微, 则对任意 α, $\beta\in\mathbb{R}$, 函数 $H(x):=\alpha F(x)+\beta G(x)$ 在点 x 处也 F-(或 G-) 可微, 且

$$H'(x)=\alpha F'(x)+\beta G'(x). \tag{1.11}$$

(2) **链式法则** 若 $F:\ D_F\subset\mathbb{R}^n\to\mathbb{R}^m$ 在点 x 处 G-可微, $G:\ D_G\subset\mathbb{R}^m\to\mathbb{R}^l$ 在点 $F(x)$ 处 F-可微, 则 $H:=G\cdot F$ 在点 x 处 G-可微, 且有

$$H'(x)=G'(F(x))F'(x). \tag{1.12}$$

进一步, 当 F 在点 x 处 F-可微时, 则 $G\cdot F$ 在点 x 处也是 F-可微的.

(3) **中值公式** 若 $F:\ D\to\mathbb{R}^m$ 在凸集 $D_0\subset D$ 上连续 G-可微, 则 $\forall x_0$, $x_0+\Delta x\in D_0$, 有

$$\|F(x_0+\Delta x)-F(x_0)\|\leqslant\sup_{0\leqslant\theta\leqslant 1}\|F'(x_0+\theta\Delta x)\|\|\Delta x\|. \tag{1.13}$$

(4) **微分性质** 若 $F:\ D\to\mathbb{R}^m$ 在凸集 $D_0\subset D$ 上连续 G-可微, 则 $\forall x,\ y,z\in D_0$, 有

$$\|F(x)-F(y)-F'(z)(x-y)\|\leqslant\sup_{0\leqslant\theta\leqslant 1}\|F'(y+\theta(x-y))-F'(z)\|\|x-y\|. \tag{1.14}$$

进一步, 若 $\|F'(x)-F'(y)\| \leqslant \alpha\|x-y\|$, 则有

$$\|F(x)-F(y)-F'(z)(x-y)\| \leqslant \frac{\alpha}{2}\|x-y\|[\|x-z\|+\|y-z\|]. \tag{1.15}$$

下面, 进一步介绍向量值函数的定积分概念及其性质.

定义 1.6　设有向量值函数 $F:\ [a,b]\to\mathbb{R}^m$, 今将区间 $[a,b]$ 作任意剖分:

$$a=x_0<x_1<x_2<\cdots<x_N=b,$$

记 $\lambda=\max\limits_{1\leqslant k\leqslant N}(x_k-x_{k-1})$, 并在每个小区间 $[x_{k-1},x_k]$ 上任取一个点 ξ_k, 作和式

$$S_l=\sum_{k=1}^{N}F(\xi_k)(x_k-x_{k-1}),$$

若有极限 $\lim\limits_{\lambda\to 0}S_l=S$ 存在, 则称 S 为 $F(x)$ 在 $[a,b]$ 上的定积分, 并记为 $\displaystyle\int_a^b F(x)\mathrm{d}x$.

上述定积分属 Riemann 型积分, 记 $[a,b]$ 上的这种可积函数类为 $\mathbb{R}([a,b],\mathbb{R}^m)$, 易知 $\mathbb{C}([a,b],\mathbb{R}^m)\subseteq\mathbb{R}([a,b],\mathbb{R}^m)$, 且可积函数具如下性质:

(1) 对于任意 $F(x)\in\mathbb{R}([a,b],\mathbb{R}^m)$ 及 $x_i\in[a,b]$ $(i=0,1,2)$, 有

$$\int_{x_0}^{x_2}F(x)\mathrm{d}x=\int_{x_0}^{x_1}F(x)\mathrm{d}x+\int_{x_1}^{x_2}F(x)\mathrm{d}x. \tag{1.16}$$

(2) 若 $F(x),G(x)\in\mathbb{R}([a,b],\mathbb{R}^m)$, 则对任意 $\alpha,\ \beta\in\mathbb{R}$, 函数 $H(x):=\alpha F(x)+\beta G(x)\in\mathbb{R}([a,b],\mathbb{R}^m)$, 且

$$\int_a^b H(x)\mathrm{d}x=\alpha\int_a^b F(x)\mathrm{d}x+\beta\int_a^b G(x)\mathrm{d}x. \tag{1.17}$$

(3) 若 $F(x)\in\mathbb{C}([a,b],\mathbb{R}^m)$, 则

$$\left\|\int_a^b F(x)\mathrm{d}x\right\|\leqslant\int_a^b\|F(x)\|\mathrm{d}x, \tag{1.18}$$

其中 $\|\cdot\|$ 表示 $\mathbb{R}^m$ 中的向量范数.

(4) Newton-Leibniz 公式：若 $F:\ [a,b]\to\mathbb{R}^m$ 连续 G-可微, 则

$$\int_a^b F'(x)\mathrm{d}x=F(b)-F(a). \tag{1.19}$$

Taylor 展开定理不仅是整个经典微积分学中的重要结果, 而且也是我们研究非线性代数方程迭代法、最优化方法及非线性微分方程数值解等的重要基础. 当函数 $f:\ [a,b]\to\mathbb{R}$ 在点 x_0 处具 l 阶连续导数时, 其有如下形式的 Taylor 展开式:

$$f(x_0+\Delta x)=f(x_0)+\sum_{i=1}^{l-1}\frac{f^{(i)}(x_0)}{i!}(\Delta x)^i+r_l(x_0,\Delta x,\theta),\quad \theta\in[0,1],$$

其中余项

$$r_l(x_0, \Delta x, \theta) = \frac{f^{(l)}(x_0 + \theta\Delta x)}{l!}(\Delta x)^l,$$

称为 Lagrange 型余项. Taylor 展开定理也可推广到向量情形, 但是向量值函数的 Taylor 展开式余项不可再用 Lagrange 型余项表示, 而需用积分型余项表达.

定理 1.12 若函数 $F:\ D \to \mathbb{R}^m$ 在凸集 $D_0 \subset D$ 上具 l 阶连续 G-导数, 则 $\forall x_0,\ x_0 + \Delta x \in D_0$, 有

$$F(x_0 + \Delta x) = F(x_0) + \sum_{i=1}^{l-1} \frac{F^{(i)}(x_0)}{i!}(\Delta x)^i + R_l(x_0, \Delta x), \tag{1.20}$$

其中余项

$$R_l(x_0, \Delta x) = \int_0^1 \frac{(1-\theta)^{l-1}}{(l-1)!} F^{(l)}(x_0 + \theta\Delta x)(\Delta x)^l \mathrm{d}\theta.$$

证明 用数学归纳法证明. 记 $G(\theta) = F(x_0 + \theta\Delta x)$, 则有

$$G'(\theta) = F'(x_0 + \theta\Delta x)\Delta x. \tag{1.21}$$

又

$$G(1) - G(0) = \int_0^1 G'(\theta)\mathrm{d}\theta, \tag{1.22}$$

代入 (1.21) 到 (1.22), 即得

$$F(x_0 + \Delta x) = F(x_0) + \int_0^1 F'(x_0 + \theta\Delta x)\Delta x \mathrm{d}\theta.$$

因此, 当 $l = 1$ 时, (1.20) 成立. 假设 $l = k - 1$ 时, (1.20) 成立, 并记

$$P(\theta) = \frac{(1-\theta)^{k-1}}{(k-1)!}, \quad Q(\theta) = F^{(k-1)}(x_0 + \theta\Delta x)(\Delta x)^{k-1}, \tag{1.23}$$

则

$$P'(\theta) = -\frac{(1-\theta)^{k-2}}{(k-2)!}, \quad Q'(\theta) = F^{(k)}(x_0 + \theta\Delta x)(\Delta x)^k. \tag{1.24}$$

从而, 由 (1.23), (1.24) 及分部积分法得

$$\begin{aligned}
& R_{k-1}(x_0, \Delta x) \\
=& -\int_0^1 P'(\theta)Q(\theta)\mathrm{d}\theta \\
=& -P(1)Q(1) + P(0)Q(0) + \int_0^1 P(\theta)Q'(\theta)\mathrm{d}\theta \\
=& \frac{1}{(k-1)!}F^{(k-1)}(x_0)(\Delta x)^{k-1} + \int_0^1 \frac{(1-\theta)^{k-1}}{(k-1)!}F^{(k)}(x_0 + \theta\Delta x)(\Delta x)^k \mathrm{d}\theta \\
=& \frac{1}{(k-1)!}F^{(k-1)}(x_0)(\Delta x)^{k-1} + R_k(x_0, \Delta x).
\end{aligned}$$

由归纳假设及上式即知: $l=k$ 时, (1.20) 成立. 故定理获证. ■

在该定理中, 若去掉各阶 G-导数的连续性条件, 则 $\forall x_0,\ x_0+\Delta x\in D_0$, 仅可获得下列不等式:

$$\left\|F(x_0+\Delta x)-F(x_0)-\sum_{i=1}^{l-1}\frac{F^{(i)}(x_0)}{i!}(\Delta x)^i\right\|\leqslant\frac{1}{l!}\sup_{0\leqslant\theta\leqslant1}\|F^{(l)}(x_0+\theta\Delta x)\|\|\Delta x\|^l. \tag{1.25}$$

1.5 不动点原理

定义 1.7 设存在常数 $q\in[0,1]$, 使得映射 $F:\ D\subset\mathbb{R}^n\to\mathbb{R}^n$ 在集 $D_0\subset D$ 上满足

$$\|F(x)-F(y)\|\leqslant q\|x-y\|,\quad \forall x,y\in D_0. \tag{1.26}$$

若 $0\leqslant q<1$, 则称 F 为集 $D_0\subset D$ 上的具压缩系数 q 的**压缩映射**; 若 $q=1$, 则称 F 为集 $D_0\subset D$ 上的**非膨胀映射**; 特别, 当 $q=1$ 且 $x\neq y$ 时, 若 (1.26) 的严格不等式成立, 则称 F 为集 $D_0\subset D$ 上的**严格非膨胀映射**.

由定义 1.7, 压缩映射必定是严格非膨胀映射, 但反之不然, 如: 映射 $F(x)=x\left(1-\dfrac{x}{2}\right)$ 是 $(0,1]$ 上的严格非膨胀映射, 但不是 $(0,1]$ 上的压缩映射. 此外, 从该例也可看到, 一个严格非膨胀映射 F 可以保障方程 $x=F(x)$ 至多存在一个不动点 $x^*:\ x^*=F(x^*)$, 但不能保证其方程一定存在不动点. 下述诸定理表明: 在适当条件下, 压缩映射及严格非膨胀映射可保证其方程存在唯一不动点.

定理 1.13 (Banach 压缩映照原理) 设 $F:\ D\subset\mathbb{R}^n\to\mathbb{R}^n$ 是闭集 $D_0\subset D$ 上的压缩映射, 且 $F(D_0)\subset D_0$, 则 F 于 D_0 上有唯一不动点 $x^*:\ x^*=F(x^*)$.

证明 构造序列

$$x_{k+1}=F(x_k),\quad k=0,1,2,\cdots;\quad x_0\in D_0. \tag{1.27}$$

由已知条件 $F(D_0)\subset D_0$ 可知: 序列 $\{x_k\}\subset D_0$. 由于 F 是闭集 D_0 上的压缩映射, 则对于 $\mathbb{R}^n$ 中的任意向量范数 $\|\cdot\|$, 存在常数 $q\in[0,1)$ 使得

$$\begin{aligned}\|x_{k+1}-x_k\|&=\|F(x_k)-F(x_{k-1})\|\leqslant q\|x_k-x_{k-1}\|\\&=q\|F(x_{k-1})-F(x_{k-2})\|\leqslant q^2\|x_{k-1}-x_{k-2}\|\leqslant\cdots\\&\leqslant q^k\|x_1-x_0\|.\end{aligned}$$

因此, 对任意自然数 p 有

$$\|x_{k+p}-x_k\|\leqslant\sum_{i=1}^{p}\|x_{k+i}-x_{k+i-1}\|\leqslant\sum_{i=1}^{p}q^{k+i-1}\|x_1-x_0\|\leqslant\frac{q^k}{1-q}\|x_1-x_0\|. \tag{1.28}$$

由此及 $q \in [0,1)$ 可知序列 $\{x_k\}$ 是一个 Cauchy 序列. 又由 $\{x_k\} \subset D_0$ 及 D_0 为闭集可知: 存在 $x^* \in D_0$, 使得 $\lim\limits_{k\to\infty} x_k = x^*$. 既然 F 是压缩映射, 所以 F 也是连续映射, 从而

$$x^* = \lim_{k\to\infty} x_k = \lim_{k\to\infty} F(x_{k-1}) = F(x^*),$$

即 x^* 为 F 在 D_0 上的不动点. 若 F 在 D_0 上存在其他不动点 y^*, 则由压缩性有

$$\|x^* - y^*\| = \|F(x^*) - F(y^*)\| \leqslant q\|x^* - y^*\| < \|x^* - y^*\|.$$

矛盾! 因此, 必有 $x^* = y^*$. 故定理获证. ■

该证明导出了压缩映射 F 的不动点的一个逼近序列 $\{x_k : x_k = F(x_{k-1}), k = 1, 2, \cdots\}$, 其误差估计可由下述定理给出.

定理 1.14 设 $F:\ D \subset \mathbb{R}^n \to \mathbb{R}^n$ 是闭集 $D_0 \subset D$ 上具压缩系数 $q \in [0,1)$ 的压缩映射, 且 $F(D_0) \subset D_0$, 则迭代序列 (1.27) 收敛于 F 在 D_0 上的不动点 x^*, 且有先验误差估计

$$\|x^* - x_k\| \leqslant \frac{q^k}{1-q}\|x_1 - x_0\|, \quad k = 1, 2, \cdots \tag{1.29}$$

及后验误差估计

$$\|x^* - x_k\| \leqslant \frac{q}{1-q}\|x_k - x_{k-1}\|, \quad k = 1, 2, \cdots. \tag{1.30}$$

证明 由定理 1.13 的证明过程可知迭代序列 (1.27) 满足 $\lim\limits_{k\to\infty} x_k = x^*$, 且在式 (1.28) 中令 $p \to +\infty$ 即得先验误差估计 (1.29). 以下证明后验误差估计式. 事实上, 对于任意自然数 p, 有

$$\begin{aligned}
\|x_{k+p} - x_k\| &\leqslant \sum_{i=1}^{p} \|x_{k+i} - x_{k+i-1}\| = \sum_{i=1}^{p} \|F(x_{k+i-1}) - F(x_{k+i-2})\| \\
&\leqslant \sum_{i=1}^{p} q\|x_{k+i-1} - x_{k+i-2}\| \leqslant \cdots \\
&\leqslant \sum_{i=1}^{p} q^i\|x_k - x_{k-1}\| \leqslant \frac{q}{1-q}\|x_k - x_{k-1}\|.
\end{aligned} \tag{1.31}$$

在上式中令 $p \to +\infty$ 即得后验误差估计 (1.30). ■

条件 $F(D_0) \subset D_0$ 一般较难验证, 为此引入如下定理.

定理 1.15 设 $F:\ D \subset \mathbb{R}^n \to \mathbb{R}^n$ 是闭集 $D_0 := \{x : \|x - x_0\| \leqslant r\} \subset D$ 上的压缩映射, 且

$$\|x_0 - F(x_0)\| \leqslant (1-q)r, \tag{1.32}$$

其中 q 为 F 的压缩系数, 则 F 于 D_0 上有唯一不动点 x^*.

证明 据定理 1.13, 本定理仅需证: 当 $\|x-x_0\| \leqslant r$ 时, $\|F(x)-x_0\| \leqslant r$. 事实上, 由压缩性及 (1.32), 有

$$\|F(x)-x_0\| \leqslant \|F(x)-F(x_0)\| + \|F(x_0)-x_0\| \leqslant q\|x-x_0\| + (1-q)r \leqslant r.$$

因此定理成立. ■

此外, 当 Banach 压缩映照原理中的闭集 D_0 为有界集时, 映射的压缩性可减弱为严格非膨胀性.

定理 1.16 设 $F: D \subset \mathbb{R}^n \to \mathbb{R}^n$ 是有界闭集 $D_0 \subset D$ 上的严格非膨胀映射, 且 $F(D_0) \subset D_0$, 则 F 于 D_0 上有唯一不动点 x^*.

证明 作辅助函数

$$G(x) = \|x - F(x)\|, \quad x \in D.$$

显然该函数于 D_0 上连续, 且因此在闭集 D_0 上取得最小值, 设

$$G(x^*) = \min_{x \in D_0} \|x - F(x)\|, \quad x^* \in D_0,$$

可证: $x^* = F(x^*)$. 若不然, 则由 F 的严格非膨胀性有

$$G(F(x^*)) = \|F(x^*) - F(F(x^*))\| < \|x^* - F(x^*)\| = G(x^*),$$

此与 $G(x^*)$ 为 D_0 上的最小值相矛盾, 因此必有 $x^* = F(x^*)$. 其唯一性类似于定理 1.13 可证. 故定理证毕. ■

习 题 1

1.1 证明: $\|x\|_\infty = \max\limits_{1 \leqslant i \leqslant n} |x_i|, \ \ \forall x = [x_1,\ x_2,\ \cdots,\ x_n]^{\mathrm{T}} \in \mathbb{R}^n$.

1.2 证明: 若向量 $x \in \mathbb{R}^n$, 则

$$\|x\|_2 \leqslant \|x\|_1 \leqslant \sqrt{n}\|x\|_2, \quad \|x\|_\infty \leqslant \|x\|_1 \leqslant n\|x\|_\infty, \quad \|x\|_\infty \leqslant \|x\|_2 \leqslant \sqrt{n}\|x\|_\infty.$$

1.3 证明: 若矩阵 $A = (a_{ij}) \in \mathbb{R}^{n \times n}$ 为实对称阵, 且有特征值 $\lambda_1 \leqslant \lambda_2 \leqslant \cdots \leqslant \lambda_n$, 则

$$\lambda_1 \|z\|_2^2 \leqslant x^{\mathrm{T}} A x \leqslant \lambda_n \|z\|_2^2, \quad \forall x \in \mathbb{R}^n.$$

1.4 证明: 若矩阵 $A \in \mathbb{R}^{n \times n}$, 则

(1) $\max\limits_{1 \leqslant i,j \leqslant n} |a_{ij}| \leqslant \|A\|_2 \leqslant n \max\limits_{1 \leqslant i,j \leqslant n} |a_{ij}|$;

(2) $\dfrac{1}{\sqrt{n}}\|A\|_1 \leqslant \|A\|_2 \leqslant \sqrt{n}\|A\|_1$;

(3) $\dfrac{1}{\sqrt{n}}\|A\|_\infty \leqslant \|A\|_2 \leqslant \sqrt{n}\|A\|_\infty$;

(4) $\|A\|_2 \leqslant \sqrt{\|A\|_1\|A\|_\infty}$.

1.5 设矩阵 $A \in \mathbb{R}^{n\times n}$, 证明:

(1) 矩阵级数 $\sum\limits_{i=0}^{\infty} A^i$ 收敛的充要条件是 A 的谱半径 $\rho(A) < 1$;

(2) 当矩阵级数 $\sum\limits_{i=0}^{\infty} A^i$ 收敛时, 对空间 $\mathbb{R}^{n\times n}$ 上的任意矩阵范数 $\|\cdot\|$, 有

$$\left\|\sum_{i=0}^{\infty} A^i\right\| \leqslant \frac{1}{1-\|A\|}, \quad \left\|(I-A)^{-1} - \sum_{i=0}^{p} A^i\right\| \leqslant \frac{\|A\|^{p+1}}{1-\|A\|}.$$

1.6 设 $x = [1,\ 0,\ 4,\ 6,\ 3,\ 4]^{\mathrm{T}}$. 求一个正数 α 和一个 Householder 变换 H 使得

$$Hx = [1,\ \alpha,\ 4,\ 6,\ 0,\ 0].$$

1.7 设有给定的非零向量 $x, y \in \mathbb{R}^n$ 及实常数 α, 试给出一个 Householder 变换 H 使得 $Hx = \alpha y$.

1.8 证明二元函数

$$F(x) = \begin{cases} x_2, & x_1 = 0, \\ x_1, & x_2 = 0, \\ 1, & \text{其他} \end{cases}$$

在 $x=0$ 处的偏导数 $\dfrac{\partial F(0)}{\partial x_1}$, $\dfrac{\partial F(0)}{\partial x_2}$ 存在, 但在 $x=0$ 处不存在 G-导数.

1.9 证明二元函数

$$F(x) = \begin{cases} 0, & x_1 = 0, \\ \dfrac{2x_2\exp(-2/x_1^2)}{x_2^2 + \exp(-2/x_1^2)}, & x_1 \neq 0 \end{cases}$$

在 $x=0$ 处有 G-导数, 但其 G-导数在 $x=0$ 处不连续.

1.10 证明二元函数

$$F(x) = \begin{cases} 0, & x = 0, \\ \dfrac{x_2(x_1^2+x_2^2)^{3/2}}{(x_1^2+x_2^2)^2 + x_2^2}, & x \neq 0 \end{cases}$$

在 $x=0$ 处有 G-导数, 但在 $x=0$ 处不存在 F-导数.

1.11 证明一元函数

$$F(x) = \begin{cases} x + \exp(-x/2), & x \geqslant 0, \\ \exp(x/2), & x \leqslant 0 \end{cases}$$

是一个严格非膨胀映射, 但其不存在不动点.

第 2 章　线性方程组的直接解法

线性方程组

$$\begin{cases} a_{11}x_1 + a_{12}x_2 + \cdots + a_{1n}x_n = b_1, \\ a_{21}x_1 + a_{22}x_2 + \cdots + a_{2n}x_n = b_2, \\ \qquad \cdots\cdots \\ a_{n1}x_1 + a_{n2}x_2 + \cdots + a_{nn}x_n = b_n \end{cases} \tag{2.1}$$

是当今科学工程中最常见的数学模型, 自古以来人们已导出各种计算方法 (参见文献 [6, 7, 8, 9, 10, 11, 12]), 其解法大致可分为直接法与迭代法两类. **直接法**是通过有限次四则运算而获得方程组精确解的方法, 本章将主要介绍这类方法. **迭代法**则是采取逐次逼近的方法, 从一个或多个初始量出发, 按照一定计算格式获得方程组数值解的方法, 该类方法将在第 4 章予以介绍.

2.1　Gauss 消元法

2.1.1　Gauss 顺序消元法

Gauss 顺序消元法是一种经典的求解线性方程组的直接方法, 该算法的主要思想是首先将方程组 (2.1) 化为一个系数阵为下三角阵 (或上三角阵) 的方程组, 然后采用前推 (或回代) 过程求得其线性方程组的解. 记线性方程组 (2.1) 为

$$AX = b, \tag{2.2}$$

其中 $A \in \mathbb{R}^{n\times n}$ 为非奇异矩阵, 且

$$A = \begin{bmatrix} a_{11} & a_{12} & \cdots & a_{1n} \\ a_{21} & a_{22} & \cdots & a_{2n} \\ \vdots & \vdots & & \vdots \\ a_{n1} & a_{n2} & \cdots & a_{nn} \end{bmatrix}, \quad X = \begin{bmatrix} x_1 \\ x_2 \\ \vdots \\ x_n \end{bmatrix}, \quad b = \begin{bmatrix} b_1 \\ b_2 \\ \vdots \\ b_n \end{bmatrix}.$$

为利用计算机实现 Gauss 顺序消元, 我们将计算过程中出现的矩阵及其元素进行编号, 其计算步骤如下.

记方程组 (2.2) 为 $A^{(1)}X = b^{(1)}$, 其中

$$A^{(1)} = \begin{bmatrix} a_{11}^{(1)} & a_{12}^{(1)} & \cdots & a_{1n}^{(1)} \\ a_{21}^{(1)} & a_{22}^{(1)} & \cdots & a_{2n}^{(1)} \\ \vdots & \vdots & & \vdots \\ a_{n1}^{(1)} & a_{n2}^{(1)} & \cdots & a_{nn}^{(1)} \end{bmatrix} = A, \quad b^{(1)} = \begin{bmatrix} b_1^{(1)} \\ b_2^{(1)} \\ \vdots \\ b_n^{(1)} \end{bmatrix} = b.$$

假设 $a_{11}^{(1)} \neq 0$, 取 $m_{i1} = a_{i1}^{(1)}/a_{11}^{(1)}$ $(i = 2, 3, \cdots, n)$, 用该数的负值乘方程组 (2.2) 的第 1 个方程, 然后将其加到第 i 个方程 $(i = 2, 3, \cdots, n)$ 上, 则依次可消去自第 2 个方程到第 n 个方程中的变量 x_1, 由此得以下等价方程组

$$A^{(2)}X = b^{(2)}, \tag{2.3}$$

其中

$$A^{(2)} = \begin{bmatrix} a_{11}^{(1)} & a_{12}^{(1)} & \cdots & a_{1n}^{(1)} \\ 0 & a_{22}^{(2)} & \cdots & a_{2n}^{(2)} \\ \vdots & \vdots & & \vdots \\ 0 & a_{n2}^{(2)} & \cdots & a_{nn}^{(2)} \end{bmatrix}, \quad b^{(2)} = \begin{bmatrix} b_1^{(1)} \\ b_2^{(2)} \\ \vdots \\ b_n^{(2)} \end{bmatrix},$$

$$a_{ij}^{(2)} = a_{ij}^{(1)} - m_{i1}a_{1j}^{(1)}, \quad b_i^{(2)} = b_i^{(1)} - m_{i1}b_1^{(1)}, \quad i, j = 2, 3, \cdots, n;$$

假设 $a_{22}^{(2)} \neq 0$, 取 $m_{i2} = a_{i2}^{(2)}/a_{22}^{(2)}$ $(i = 3, 4, \cdots, n)$, 再用 m_{i2} 的负值乘上方程 (2.3) 的第 2 个方程, 然后将其加到第 i 个方程 $(i = 3, 4, \cdots, n)$ 上, 则依次可消去自第 3 个方程到第 n 个方程中的变量 x_2, 得以下等价方程组

$$A^{(3)}X = b^{(3)}, \tag{2.4}$$

其中

$$A^{(3)} = \begin{bmatrix} a_{11}^{(1)} & a_{12}^{(1)} & a_{13}^{(1)} & \cdots & a_{1n}^{(1)} \\ 0 & a_{22}^{(2)} & a_{23}^{(2)} & \cdots & a_{2n}^{(2)} \\ 0 & 0 & a_{33}^{(3)} & \cdots & a_{3n}^{(3)} \\ \vdots & \vdots & \vdots & & \vdots \\ 0 & 0 & a_{n3}^{(3)} & \cdots & a_{nn}^{(3)} \end{bmatrix}, \quad b^{(3)} = \begin{bmatrix} b_1^{(1)} \\ b_2^{(2)} \\ b_3^{(3)} \\ \vdots \\ b_n^{(2)} \end{bmatrix},$$

$$a_{ij}^{(3)} = a_{ij}^{(2)} - m_{i2}a_{2j}^{(2)}, \quad b_i^{(3)} = b_i^{(2)} - m_{i2}b_2^{(2)}, \quad i, j = 3, 4, \cdots, n;$$

重复上述步骤, 经 $n-1$ 次消元后得以下系数阵为上三角阵的方程组

$$A^{(n)}X = b^{(n)}, \tag{2.5}$$

其中

$$A^{(n)}=\begin{bmatrix} a_{11}^{(1)} & a_{12}^{(1)} & \cdots & a_{1n}^{(1)} \\ & a_{22}^{(2)} & \cdots & a_{2n}^{(2)} \\ & & \ddots & \vdots \\ & & & a_{nn}^{(n)} \end{bmatrix}, \quad b^{(n)}=\begin{bmatrix} b_1^{(1)} \\ b_2^{(2)} \\ \vdots \\ b_n^{(n)} \end{bmatrix},$$

$$a_{nn}^{(n)}=a_{nn}^{(n-1)}-m_{n,n-1}a_{n-1,n}^{(n-1)}, \quad b_n^{(n)}=b_n^{(n-1)}-m_{n,n-1}b_{n-1}^{(n-1)},$$

$$m_{n,n-1}=a_{n,n-1}^{(n-1)}/a_{n-1,n-1}^{(n-1)}.$$

上述过程称为**前推过程**.

在前推过程完成后, 从方程组 (2.5) 的第 n 个方程开始, 自下而上依次解出 $x_n, x_{n-1}, \cdots, x_1$, 该过程称为**回代过程**, 其计算公式如下:

$$x_n=b_n^{(n)}/a_{nn}^{(n)}, \quad x_i=\left(b_i^{(i)}-\sum_{j=i+1}^{n}a_{ij}^{(i)}x_j\right)\Big/a_{ii}^{(i)}, \quad i=n-1,n-2,\cdots,1. \tag{2.6}$$

上述方法即为**Gauss 顺序消元法**. 这种消元法的计算可行性前提条件是其消元过程的所有**主元素** $a_{kk}^{(k)}\neq 0$, 否则, 将导致计算过程无法进行或计算结果严重失真.

例 2.1 利用 Gauss 顺序消元法求解线性方程组

$$\begin{bmatrix} 0.001 & 2.000 & 3.000 \\ -1.000 & 3.712 & 4.623 \\ -2.000 & 1.070 & 5.643 \end{bmatrix}\begin{bmatrix} x_1 \\ x_2 \\ x_3 \end{bmatrix}=\begin{bmatrix} 1.000 \\ 2.000 \\ 3.000 \end{bmatrix}.$$

解 对方程组的增广矩阵进行行变换得

$$(A\mid b)=\left[\begin{array}{ccc:c} 0.001 & 2.000 & 3.000 & 1.000 \\ -1.000 & 3.712 & 4.623 & 2.000 \\ -2.000 & 1.070 & 5.643 & 3.000 \end{array}\right]$$

$$\Rightarrow\left[\begin{array}{ccc:c} 0.001 & 2.000 & 3.000 & 1.000 \\ 0 & 2004 & 3005 & 1002 \\ 0 & 4001 & 6006 & 2003 \end{array}\right]$$

$$\Rightarrow\left[\begin{array}{ccc:c} 0.001 & 2.000 & 3.000 & 1.000 \\ 0 & 2004 & 3005 & 1002 \\ 0 & 0 & 5.000 & 2.000 \end{array}\right].$$

采用回代法计算上述最后一个矩阵对应的方程组

$$\begin{bmatrix} 0.001 & 2.000 & 3.000 \\ 0 & 2004 & 3005 \\ 0 & 0 & 5.000 \end{bmatrix} \begin{bmatrix} x_1 \\ x_2 \\ x_3 \end{bmatrix} = \begin{bmatrix} 1.000 \\ 1002 \\ 2.000 \end{bmatrix},$$

得其解 $X = [0.000,\ -0.09980,\ 0.4000]^{\mathrm{T}}$. 而原方程组具 4 位有效数字的解是 $X^* = [-0.4904,\ -0.05104,\ 0.3675]^{\mathrm{T}}$. 由此可知 Gauss 顺序消元法所得解 X 的误差为

$$\mathrm{err} := \|X - X^*\|_2 \approx 0.4939,$$

相对于原方程组系数阵中的元素而言, 解 X 的误差过大. 其原因是在作消元时, 用了小主元 0.001 作除数, 致使后续计算过程产生的元素严重失真, 在计算机字长有限的情况下, 导致了较大的舍入误差. ■

2.1.2 Gauss 选主元消元法

为避免消元过程中出现零主元或绝对值非常小的主元, 本节介绍两种改进的 Gauss 消元法, 即**完全选主元法**和**选列主元法**.

设线性方程组 (2.1) 经过 k 次消元后对应的增广矩阵为

$$\begin{bmatrix} a_{11}^{(1)} & a_{12}^{(1)} & \cdots & a_{1k}^{(1)} & a_{1,k+1}^{(1)} & \cdots & a_{1n}^{(1)} & b_1^{(1)} \\ & a_{22}^{(2)} & \cdots & a_{2k}^{(2)} & a_{2,k+1}^{(2)} & \cdots & a_{2n}^{(2)} & b_2^{(2)} \\ & & \ddots & \vdots & \vdots & & \vdots & \vdots \\ & & & a_{kk}^{(k)} & a_{k,k+1}^{(k)} & \cdots & a_{k,n}^{(k)} & b_k^{(k)} \\ & 0 & & & a_{k+1,k+1}^{(k+1)} & \cdots & a_{k+1,n}^{(k+1)} & b_{k+1}^{(k+1)} \\ & & & & \vdots & & \vdots & \vdots \\ & & & & a_{n,k+1}^{(k+1)} & \cdots & a_{nn}^{(k+1)} & b_n^{(k+1)} \end{bmatrix}, \tag{2.7}$$

在该矩阵的子块

$$\begin{bmatrix} a_{k+1,k+1}^{(k+1)} & \cdots & a_{k+1,n}^{(k+1)} \\ \vdots & & \vdots \\ a_{n,k+1}^{(k+1)} & \cdots & a_{nn}^{(k+1)} \end{bmatrix}$$

中找出绝对值最大的元素, 若

$$|a_{pq}^{(k+1)}| = \max_{k+1 \leqslant i,j \leqslant n} |a_{ij}^{(k+1)}|,$$

则交换矩阵 (2.7) 中的第 $k+1$ 行与第 p 行、第 $k+1$ 列与第 q 列, 从而将 $a_{pq}^{(k+1)}$ 移到主元位置, 该过程称为**完全选主元**. 以 $a_{pq}^{(k+1)}$ 作为新的主元, 消去矩阵 (2.7) 中

的位于 $(k+2,k+1),(k+3,k+1),\cdots,(n,k+1)$ 处的元素, 即完成第 $k+1$ 次消元. 重复上述步骤, 经 $n-1$ 次完全选主元消元后, 增广矩阵 $(A \mid b)$ 中的矩阵 A 可化为一个上三角阵, 解其对应的方程组即获得原方程组的解.

完全选主元法在计算过程中花费了大量的时间用于寻找主元. 事实上, 对于某些线性方程组, 可采用如下选列主元法完成消元过程, 其将大大地节省搜寻主元的时间. 在线性方程组 (2.1) 经过 k 次消元获得增广矩阵 (2.7) 的基础上, 我们在矩阵 (2.7) 中的子块

$$\begin{bmatrix} a_{k+1,k+1}^{(k+1)} \\ a_{k+2,k+1}^{(k+1)} \\ \vdots \\ a_{n,k+1}^{(k+1)} \end{bmatrix}$$

中找出绝对值最大的元素 $a_{p,k+1}^{(k+1)}$: $|a_{p,k+1}^{(k+1)}| = \max\limits_{k+1\leqslant i\leqslant n} |a_{i,k+1}^{(k+1)}|$, 然后交换矩阵 (2.7) 中的第 $k+1$ 行与第 p 行, 从而将 $a_{p,k+1}^{(k+1)}$ 移到主元位置, 该过程称为**选列主元**. 以 $a_{p,k+1}^{(k+1)}$ 作为新的主元, 消去矩阵 (2.7) 中的位于 $(k+2,k+1),(k+3,k+1),\cdots,(n,k+1)$ 处的元素, 即完成第 $k+1$ 次消元. 重复上述步骤, 经 $n-1$ 次选列主元消元后, 增广矩阵 $(A \mid b)$ 中的矩阵 A 可化为一个上三角阵, 解其对应的方程组即获得原方程组的解, 此即为**选列主元消元法**.

例 2.2 用选列主元法求解例 2.1 中的线性方程组.

解 对方程组的增广矩阵进行选列主元消元得

$$\begin{aligned}(A \mid b) &\Rightarrow \left[\begin{array}{ccc:c} -2.000 & 1.070 & 5.643 & 3.000 \\ -1.000 & 3.712 & 4.623 & 2.000 \\ 0.001 & 2.000 & 3.000 & 1.000 \end{array}\right] \\ &\Rightarrow \left[\begin{array}{ccc:c} -2.000 & 1.070 & 5.643 & 3.000 \\ 0 & 3.176 & 1.801 & 0.5000 \\ 0 & 2.001 & 3.003 & 1.002 \end{array}\right] \\ &\Rightarrow \left[\begin{array}{ccc:c} -2.000 & 1.070 & 5.643 & 3.000 \\ 0 & 3.176 & 1.801 & 0.5000 \\ 0 & 0 & 1.868 & 0.6870 \end{array}\right].\end{aligned}$$

解上述最后一个矩阵对应的方程组得原方程组的解

$$X = [-0.4900,\ -0.05113,\ 0.3678]^{\mathrm{T}},$$

其与精确解 $X^* = [-0.4904,\ -0.05104,\ 0.3675]^{\mathrm{T}}$ 比较, 误差为

$$\|X-X^*\|_2 \approx 5.0804\times 10^{-4}. \quad \blacksquare$$

由此可见, 选主元法有效地改进了 Gauss 顺序消元法.

2.2 Doolitle 分解法

当 Gauss 消元过程无零主元时, 线性方程组 (2.1) 的求解过程也可变换为求解两个系数阵分别为上三角阵和下三角阵的线性方程组, 这将大大地节省 Gauss 消元过程所需时间和存储空间, 其方法称为**Doolitle 分解法、三角分解法**或 **LU 分解法**.

记 $m_{ij}=a_{ij}^{(j)}/a_{jj}^{(j)}$, 且引入 Gauss 变换

$$L_k=\begin{bmatrix}1 & 0 & \cdots & \cdots & \cdots & \cdots & \cdots & 0\\ 0 & 1 & 0 & \cdots & \cdots & \cdots & \cdots & \vdots\\ \vdots & 0 & \ddots & 0 & \cdots & \cdots & \cdots & \vdots\\ 0 & \cdots & 0 & 1 & 0 & \cdots & \cdots & 0\\ 0 & \cdots & 0 & -m_{k+1,k} & 1 & 0 & \cdots & 0\\ \vdots & \cdots & 0 & \vdots & 0 & 1 & 0 & \vdots\\ \vdots & \cdots & 0 & \vdots & 0 & 0 & \ddots & \vdots\\ 0 & \cdots & 0 & -m_{n,k} & 0 & \cdots & 0 & 1\end{bmatrix},$$

则 Gauss 消元过程: $(A^{(k)}\mid b^{(k)})\to(A^{(k+1)}\mid b^{(k+1)})$ 可等价地视为

$$L_kA^{(k)}=A^{(k+1)},\quad L_kb^{(k)}=b^{(k+1)},\quad k=1,2,\cdots,n-1. \tag{2.8}$$

据此, 可导出 Gauss 顺序消元过程中产生的主元素 $a_{kk}^{(k)}\neq 0$ 的判据.

定理 2.1 Gauss 顺序消元过程中的主元素 $a_{kk}^{(k)}$ $(k=1,2,\cdots,m)$ 均不为零的充要条件是原方程组 (2.1) 的系数阵 A 的 k 阶顺序主子阵 $\det(A_k)$ $(k=1,2,\cdots,m)$ 均非奇异.

证明 利用数学归纳法证明. 当 $k=1$ 时, $a_{11}^{(1)}=\det(A_1)$, 此时结论成立. 设 $1\leqslant k\leqslant m-1$ 时结论均成立. 以下仅需证: 当 $A_1,A_2,\cdots,A_{m-1}$ 非奇异时, A_m 非奇异当且仅当 $a_{mm}^{(m)}\neq 0$. 由归纳假设可知 $a_{kk}^{(k)}\neq 0$ $(k=1,2,\cdots,m-1)$. 因此, Gauss 顺序消元过程至少可进行到 $m-1$ 步, 且由式 (2.8) 有

$$L_{m-1}\cdots L_2L_1A=A^{(m)}=\begin{bmatrix}A_{11}^{(m)} & A_{12}^{(m)}\\ 0 & A_{22}^{(m)}\end{bmatrix}, \tag{2.9}$$

其中 $A_{11}^{(m)}$ 是以诸 $a_{ii}^{(i)}$ $(i=1,2,\cdots,m-1)$ 为对角元的上三角阵. 若记 L_i, $A^{(m)}$ 的 m 阶顺序主子阵分别为 $L_{i,m}$ 及

$$\begin{bmatrix} A_{11}^{(m)} & \tilde{A}_{12}^{(m)} \\ 0 & a_{mm}^{(m)} \end{bmatrix},$$

这里 $\tilde{A}_{12}^{(m)}$ 为 $A_{12}^{(m)}$ 的第 1 列元素, 则由式 (2.9) 有

$$L_{m-1,m}\cdots L_{2m}L_{1m}A_m = \begin{bmatrix} A_{11}^{(m)} & \tilde{A}_{12}^{(m)} \\ 0 & a_{mm}^{(m)} \end{bmatrix}.$$

由此得

$$\det(A_m) = a_{mm}^{(m)}\det(A_{11}^{(m)}).$$

而 $\det(A_{11}^{(m)}) = \prod\limits_{i=1}^{m-1} a_{ii}^{(i)} \neq 0$. 故 $a_{mm}^{(m)} \neq 0$ 当且仅当 $\det(A_m) \neq 0$. ■

进一步, 由式 (2.8) 递推得

$$A^{(n)} = L_{n-1}L_{n-2}\cdots L_2L_1A^{(1)}, \quad b^{(n)} = L_{n-1}L_{n-2}\cdots L_2L_1b^{(1)}. \tag{2.10}$$

注意到 $A^{(1)} = A$, $b^{(1)} = b$, 则由式 (2.10) 有

$$A = L_1^{-1}L_2^{-1}\cdots L_{n-2}^{-1}L_{n-1}^{-1}A^{(n)}, \quad b = L_1^{-1}L_2^{-1}\cdots L_{n-2}^{-1}L_{n-1}^{-1}b^{(n)}. \tag{2.11}$$

由于诸 L_k^{-1} 均为下三角矩阵, 则它们的乘积 $L := L_1^{-1}L_2^{-1}\cdots L_{n-2}^{-1}L_{n-1}^{-1}$ 仍是一个下三角矩阵. 若记

$$L = \begin{bmatrix} 1 & 0 & 0 & \cdots & 0 \\ l_{21} & 1 & 0 & \cdots & 0 \\ l_{31} & l_{32} & 1 & \cdots & 0 \\ \vdots & \vdots & \vdots & & \vdots \\ l_{n1} & l_{n2} & l_{n3} & \cdots & 1 \end{bmatrix}, \quad U = A^{(n)} = \begin{bmatrix} u_{11} & u_{12} & u_{13} & \cdots & u_{1n} \\ 0 & u_{22} & u_{23} & \cdots & u_{2n} \\ 0 & 0 & u_{33} & \cdots & u_{3n} \\ \vdots & \vdots & \vdots & & \vdots \\ 0 & 0 & 0 & \cdots & u_{nn} \end{bmatrix},$$

则有

$$A = LU, \tag{2.12}$$

该分解称为矩阵 A 的**Doolitle 分解**、**三角分解**或 **LU 分解**. 形如 L 的矩阵称为**单位下三角阵**, 其转置阵称为**单位上三角阵**. 综合上述论据并应用定理 2.1, 有如下结论.

定理 2.2 若矩阵 $A \in \mathbb{R}^{n\times n}$ 的顺序主子式 $\det(A_i) \neq 0$ $(i=1,2,\cdots,n)$, 则存在唯一的单位下三角阵 L 及上三角阵 U 使得 (2.12) 成立.

由定理 2.2, 方程组 (2.1) 的求解过程可分解为下列子过程:

$$LY=b \Rightarrow Y=[y_1,\ y_2,\ \cdots,\ y_n]^{\mathrm{T}} \Rightarrow UX=Y \Rightarrow X.$$

其具体步骤如下:

Step 1 根据 (2.12) 计算 $L=(l_{ij}),U=(u_{ij})$ 中的元素:

$$\begin{cases} u_{1i}=a_{1i}, \quad i=1,2,\cdots,n, \\ l_{i1}=a_{i1}/u_{11}, \quad i=2,3,\cdots,n, \\ u_{ri}=a_{ri}-\displaystyle\sum_{k=1}^{r-1} l_{rk}u_{ki}, \quad i=r,r+1,\cdots,n; \quad r=2,3,\cdots,n, \\ l_{ir}=\left(a_{ir}-\displaystyle\sum_{k=1}^{r-1} l_{ik}u_{kr}\right)\Big/ u_{rr}, \quad i=r,r+1,\cdots,n; \quad r=2,3,\cdots,n. \end{cases} \tag{2.13}$$

Step 2 利用前推过程解方程组 $LY=b$:

$$\begin{cases} y_1=b_1, \\ y_i=b_i-\displaystyle\sum_{k=1}^{i-1} l_{ik}y_k, \quad i=2,3,\cdots,n. \end{cases} \tag{2.14}$$

Step 3 利用回代过程解方程组 $UX=Y$:

$$\begin{cases} x_n=y_n/u_{nn}, \\ x_i=\left(y_i-\displaystyle\sum_{k=i+1}^{n} u_{ik}x_k\right)\Big/ u_{ii}, \quad i=n-1,n-2,\cdots,1. \end{cases} \tag{2.15}$$

该算法的 Matlab 程序如下:

算法 2.1 LU 分解法

```
function x=lux(A,b)
[n,n]=size(A); L=zeros(n); U=zeros(n);
 x=zeros(n,1); y=zeros(n,1);
 for r=1:n
   for i=r:n
     U(r,i)=A(r,i)-sum(L(r,1:r-1).*U(1:r-1,i)');
     L(i,r)=(A(i,r)-sum(L(i,1:r-1).*U(1:r-1,r)'))/U(r,r);
   end
end;
L, U
for i=1:n
```

```
    y(i)=b(i)-sum(L(i,1:i-1).*y(1:i-1)');
end
for j=n:-1:1
    x(j)=(y(j)-sum(U(j,j+1:n).*x(j+1:n)'))/U(j,j);
end
```

例 2.3 用 Doolitle 分解法求解线性方程组

$$\begin{bmatrix} 1 & -2 & 3 & -1 \\ 4 & -1 & -2 & 2 \\ 3 & 2 & -1 & 1 \\ 2 & 5 & 2 & -2 \end{bmatrix} \begin{bmatrix} x_1 \\ x_2 \\ x_3 \\ x_4 \end{bmatrix} = \begin{bmatrix} 2 \\ 4 \\ 8 \\ 10 \end{bmatrix}.$$

解 运行算法 2.1, 可计算出系数阵 A 的 Doolitle 分解: $A = LU$, 其中

$$L = \begin{bmatrix} 1.0000 & 0 & 0 & 0 \\ 4.0000 & 1.0000 & 0 & 0 \\ 3.0000 & 1.1429 & 1.0000 & 0 \\ 2.0000 & 1.2857 & 2.3333 & 1.0000 \end{bmatrix},$$

$$U = \begin{bmatrix} 1.0000 & -2.0000 & 3.0000 & -1.0000 \\ 0 & 7.0000 & -14.0000 & 6.0000 \\ 0 & 0 & 6.0000 & -2.8571 \\ 0 & 0 & 0 & -1.0476 \end{bmatrix},$$

且可得方程组的解 $X = [x_1,\ x_2,\ x_3,\ x_4]^{\mathrm{T}} = [1,\ 2,\ 3,\ 4]^{\mathrm{T}}$. ■

2.3 Cholesky 分解法

若线性方程组 (2.2) 的系数阵 A 为对称正定阵, 则其求解可采取一种特殊的方法——**Cholesky 分解法**, 也称为**平方根法**. 该方法主要基于下述 Cholesky 分解定理.

定理 2.3 若矩阵 A 为对称正定阵, 则存在一个对角元均为正数的下三角阵 $L \in \mathbb{R}^{n\times n}$ 使得

$$A = LL^{\mathrm{T}}, \tag{2.16}$$

其中 L 称为 A 的**Cholesky 因子**.

证明 由于矩阵 A 为对称正定阵, 则其所有主子阵均对称正定. 由定理 2.2, 存在唯一的单位下三角阵 $\tilde{L} = (l_{ij})$ 及上三角阵 $U = (u_{ij})$ 使得 $A = \tilde{L}U$. 记

$$D = \mathrm{diag}(u_{11}, u_{22}, \cdots, u_{nn}), \quad \tilde{U} = D^{-1}U,$$

则有

$$\tilde{U}^{\mathrm{T}} D \tilde{L}^{\mathrm{T}} = (\tilde{L}U)^{\mathrm{T}} = A^{\mathrm{T}} = A = \tilde{L} D \tilde{U},$$

即

$$\tilde{L}^{\mathrm{T}} \tilde{U}^{-1} = D^{-1} (\tilde{U}^{-1})^{\mathrm{T}} \tilde{L} D.$$

而上式左边是一个单位上三角阵, 右边是一个单位下三角阵, 故其两边均等于单位矩阵. 因此 $\tilde{U} = \tilde{L}^{\mathrm{T}}$, 从而 $A = \tilde{L} D \tilde{L}^{\mathrm{T}}$. 又由于 A 为正定阵, 则 D 的对角元均为正数. 记

$$L = \tilde{L}\ \mathrm{diag}(\sqrt{u_{11}}, \sqrt{u_{22}}, \cdots, \sqrt{u_{nn}}),$$

即有 $A = LL^{\mathrm{T}}$, 且 L 的对角元为 $l_{ii} = \sqrt{u_{ii}}$, $i = 1, 2, \cdots, n$. ■

通过比较方程 (2.16) 两端的对应元素, 可得

$$a_{ij} = \sum_{p=1}^{j} l_{ip} l_{jp}, \quad 1 \leqslant j \leqslant i \leqslant n. \tag{2.17}$$

由该式可按列依次计算 $L = (l_{ij})$ 的元素, 其计算步骤如下:

Step 1 计算 L 的第 1 列元素

$$l_{11} = \sqrt{a_{11}}, \quad l_{i1} = a_{i1}/l_{11}, \quad i = 2, 3, \cdots, n;$$

Step 2 若 L 的前 $k-1$ 列元素已计算, 则进一步计算 L 的第 k 列元素

$$l_{kk} = \sqrt{a_{kk} - \sum_{p=1}^{k-1} l_{kp}^2}, \quad l_{ik} = \left(a_{ik} - \sum_{p=1}^{k-1} l_{ip} l_{kp} \right) \Big/ l_{kk}, \quad i = k+1, k+2, \cdots, n.$$

在完成 A 的 Cholesky 分解后, 我们可分别求解以下系数阵为下三角型和上三角型的方程组

$$LY = b, \quad L^{\mathrm{T}} X = Y.$$

由此即获得原方程组 (2.2) 的解 X.

注意到上述线性方程组的解法含有开方运算, 其在计算过程中占用大量的运行时间. 为避免开方运算, 下面介绍一个**改进的平方根法**, 或称为**改进的 Cholesky 分解法**. 由定理 2.3 的证明过程可知, 对称正定阵 A 也有如下分解:

$$A = LDL^{\mathrm{T}}, \tag{2.18}$$

其中 $L = (l_{ij})$ 为单位下三角阵, $D = \mathrm{diag}(d_1, d_2, \cdots, d_n) > 0$. 由 (2.18) 有

$$a_{ij}=\sum_{k=1}^{j-1} l_{ik}d_k l_{jk}+l_{ij}d_j,\quad 1\leqslant j\leqslant i\leqslant n. \tag{2.19}$$

该式给出 L, D 的如下计算步骤:

Step 1　计算 d_1, L 的第 1 列元素

$$d_1=a_{11},\quad l_{j1}=a_{j1}/d_1,\quad j=2,3,\cdots,n;$$

Step 2　若 D, L 的前 $j-1$ 列元素已计算, 则计算 D, L 的第 j 列元素

$$d_j=a_{jj}-\sum_{k=1}^{j-1} l_{jk}v_{jk},\quad v_{jk}=l_{jk}d_k,$$

$$l_{ij}=\left(a_{ij}-\sum_{k=1}^{j-1} l_{ik}v_{jk}\right)\Big/ d_j,\quad i=j+1,j+2,\cdots,n.$$

在完成形如 (2.18) 的分解后, 可分别求解下列系数阵为下三角型和上三角型的方程组

$$LY=b,\quad DL^{\mathrm{T}}X=Y,$$

由此即获得原方程组 (2.2) 的解 X. 该算法程序如下:

算法 2.2　改进的 Cholesky 分解法

```
function x=cholesky(a,b)
 n=length(b); v=zeros(n); x=zeros(n,1); y=zeros(n,1);
 for j=1:n
     for i=1:j-1
       v(j,i)=a(j,i)*a(i,i);
     end
   a(j,j)=a(j,j)-a(j,1:j-1)*v(j,1:j-1)';
   a(j+1:n,j)=(a(j+1:n,j)-a(j+1:n,1:j-1)*v(j,1:j-1)')/a(j,
   j);
 end
   L=tril(a,-1)+eye(n), U=diag(diag(a))*L'
for i=1:n
  y(i)=b(i)-L(i,1:i-1)*y(1:i-1);
end
for j=n:-1:1
    x(j)=(y(j)-U(j,j+1:n)*x(j+1:n))/U(j,j);
end
```

在算法 2.2 中, 为节省存储单元, 将矩阵 L 的主对角线以下的元素存储到了矩阵 A 的相应位置, 而将矩阵 D 的对角元存储到了矩阵 A 的对角元相应位置.

例 2.4 用改进的 Cholesky 分解法求解方程组

$$\begin{bmatrix} 4 & -2 & 4 & 2 \\ -2 & 10 & -2 & -7 \\ 4 & -2 & 8 & 4 \\ 2 & -7 & 4 & 7 \end{bmatrix} \begin{bmatrix} x_1 \\ x_2 \\ x_3 \\ x_4 \end{bmatrix} = \begin{bmatrix} 8 \\ 2 \\ 16 \\ 6 \end{bmatrix}.$$

解 记

$$a = \begin{bmatrix} 4 & -2 & 4 & 2 \\ -2 & 10 & -2 & -7 \\ 4 & -2 & 8 & 4 \\ 2 & -7 & 4 & 7 \end{bmatrix}, \quad b = \begin{bmatrix} 8 \\ 2 \\ 16 \\ 6 \end{bmatrix}.$$

根据算法 2.2, 运行 Matlab 命令 Cholesky(a, b) 得其方程组的解

$$X = [1,\ 2,\ 1,\ 2]^{\mathrm{T}}. \quad \blacksquare$$

2.4 QR 分解法

线性方程组的 QR 分解法主要基于下述定理.

定理 2.4 设 $A \in \mathbb{R}^{m\times n}$ $(m \geqslant n)$ 是一个非奇异矩阵, 则 A 有如下唯一的 QR 分解

$$A = Q\begin{bmatrix} R \\ 0 \end{bmatrix}, \tag{2.20}$$

其中 $Q \in \mathbb{R}^{m\times m}$ 为正交阵, $R \in \mathbb{R}^{n\times n}$ 为具正对角元的上三角阵. 当 $m = n$ 且 A 非奇异时, (2.20) 的分解是唯一的.

证明 先利用数学归纳法证明其分解的存在性. 当 $n = 1$ 时, 根据定理 1.11 可知结论成立. 设结论对一切 $(p-1)\times(k-1)$ 矩阵成立 $(k \leqslant p \leqslant m,\ k \leqslant n)$. 当 A 为 $p \times k$ 矩阵时, 若其第 1 列为 a_1, 则由定理 1.11, 存在正交矩阵 $Q_1 \in \mathbb{R}^{p\times p}$ 使得 $Q_1^{\mathrm{T}} a_1 = \|a_1\|_2 e_1$. 因此

$$Q_1^{\mathrm{T}} A = \begin{bmatrix} \|a_1\|_2 & v^{\mathrm{T}} \\ 0 & A_1 \end{bmatrix}, \quad 这里\ A_1 \in \mathbb{R}^{(p-1)\times(k-1)},\ v \in \mathbb{R}^{k-1}.$$

又由归纳假设, 存在正交矩阵 $Q_2 \in \mathbb{R}^{(p-1)\times(p-1)}$ 及具正对角元的上三角阵 $R_2 \in \mathbb{R}^{(k-1)\times(k-1)}$ 使得

$$A_1 = Q_2\begin{bmatrix} R_2 \\ 0 \end{bmatrix}.$$

故当取

$$Q = Q_1 \begin{bmatrix} 1 & 0 \\ 0 & Q_2 \end{bmatrix}, \quad R = \begin{bmatrix} \|a_1\|_2 & v^{\mathrm{T}} \\ 0 & R_2 \\ 0 & 0 \end{bmatrix}$$

时, 有

$$A = Q \begin{bmatrix} R \\ 0 \end{bmatrix}.$$

下证唯一性. 当 $m = n$ 时, 若矩阵 A 有两种 QR 分解

$$A = Q_1R_1 = Q_2R_2,$$

其中, $Q_1, Q_2 \in \mathbb{R}^n$ 为正交矩阵, $R_1, R_2 \in \mathbb{R}^n$ 为具正对角元的上三角阵, 所以有 $Q_2^{\mathrm{T}}Q_1 = R_2R_1^{-1}$. 而该式左端为正交矩阵, 右端为具正对角元的上三角阵, 因此, 其左、右两端均只能是单位矩阵, 从而 $Q_1 = Q_2$, $R_1 = R_2$. 故矩阵 A 的 QR 分解是唯一的. ■

根据定理 2.4, 线性方程组 (2.2) 的系数阵 A 可作 QR 分解: $A = QR$, 其中 Q, $R \in \mathbb{R}^{n\times n}$ 分别为正交阵和具正对角元的上三角阵. 因此, 方程组 (2.2) 可化为上三角型方程组

$$Rx = Q^{\mathrm{T}}b. \tag{2.21}$$

通过求解方程组 (2.21) 而获得方程组 (2.2) 的解的方法称为**QR 分解法**, 其计算可分两步进行: 首先将 A 进行 QR 分解; 然后求解上三角型方程组 (2.21). 该算法的程序代码如下:

算法 2.3　QR 分解法

```
function x=qrfact(A,b)
n=length(A); Q=eye(n); R=zeros(n);
for j=1:n
  if j<n
    [v,beta]=householder(A(j:n,j));
  else
     v=1; beta=2-2*mod(n,2);
  end
  A(j:n,j:n)=(eye(n-j+1)-beta*v*v')*A(j:n,j:n);
  d(j)=beta;
  if j<n
     A(j+1:n,j)=v(2:n-j+1);
```

```
  end
end
R=triu(A);
for k=1:n
 H=eye(n);
 H1=eye(n-k+1)-d(k)*[1,A(k+1:n,k)']'*[1,A(k+1:n,k)'];
 H(k:n,k:n)=H1; Q=Q*H;
end
x=zeros(n,1); b=Q'*b;
for j=n:-1:1
x(j)=(b(j)-sum(R(j,j+1:n).*x(j+1:n)'))/R(j,j)
end
```

例 2.5 用 QR 分解法求解线性方程组

$$\begin{bmatrix} 1 & -2 & 3 & -1 \\ 4 & -1 & -2 & 2 \\ 3 & 2 & -1 & 1 \\ 2 & 5 & 2 & -2 \end{bmatrix} \begin{bmatrix} x_1 \\ x_2 \\ x_3 \\ x_4 \end{bmatrix} = \begin{bmatrix} 2 \\ 4 \\ 8 \\ 10 \end{bmatrix}.$$

解 运行算法 2.3, 可得方程组系数阵 A 的 QR 分解, 其中

$$Q = \begin{bmatrix} 461/2525 & -1117/2651 & 503/578 & -201/1127 \\ 1427/1954 & -1117/2651 & -1063/4075 & 773/1644 \\ 505/922 & 755/4181 & -3625/19049 & -201/253 \\ 505/1383 & 1011/1292 & 535/1438 & 841/2470 \end{bmatrix},$$

$$R = \begin{bmatrix} 2525/461 & 922/505 & -1427/1954 & 505/461 \\ 0 & 4181/755 & 287/298 & -2808/1555 \\ 0 & 0 & 1643/404 & -777/334 \\ 0 & 0 & 0 & -402/1127 \end{bmatrix},$$

且方程组的解为 $X = [x_1,\ x_2,\ x_3,\ x_4]^{\mathrm{T}} = [1,\ 2,\ 3,\ 4]^{\mathrm{T}}$. ■

2.5 追 赶 法

微分方程的有限元方法、有限差分法以及船体放样中的三次样条函数逼近法

等常常产生如下形式的三对角稀疏型方程组

$$\begin{bmatrix} b_1 & c_1 & & & & & \\ a_2 & b_2 & c_2 & & & & \\ & \ddots & \ddots & \ddots & & & \\ & & a_i & b_i & c_i & & \\ & & & \ddots & \ddots & \ddots & \\ & & & & a_{n-1} & b_{n-1} & c_{n-1} \\ & & & & & a_n & b_n \end{bmatrix} \begin{bmatrix} x_1 \\ x_2 \\ \vdots \\ x_i \\ \vdots \\ x_{n-1} \\ x_n \end{bmatrix} = \begin{bmatrix} d_1 \\ d_2 \\ \vdots \\ d_i \\ \vdots \\ d_{n-1} \\ d_n \end{bmatrix}. \tag{2.22}$$

作为实例, 我们考虑常微分方程二阶边值问题

$$\begin{cases} y'' = p(x)y' + q(x)y + r(x), \quad \alpha \leqslant x \leqslant \beta, \\ y(\alpha) = y_\alpha, \quad y(\beta) = y_\beta, \end{cases} \tag{2.23}$$

其有如下有限差分格式:

$$\frac{y_{i+1} - 2y_i + y_{i-1}}{h^2} = p_i \frac{y_{i+1} - y_{i-1}}{2h} + q_i y_i + r_i, \quad i = 0, 1, \cdots, N, \tag{2.24}$$

其中 $x_i = \alpha + ih$, $h = (\beta - \alpha)/N$, $y_i \approx y(x_i)$, $p(x_i) = p_i$, $q(x_i) = q_i$, $r(x_i) = r_i$. 若记 $y_0 = y_\alpha$, $y_N = y_\beta$, $Y = [y_1, y_2, \cdots, y_{N-1}]^{\mathrm{T}}$, 则上述差分格式可写成以下 $(N-1) \times (N-1)$ 三对角型线性方程组

$$\begin{bmatrix} 2+h^2q_1 & -1+\frac{h}{2}p_1 & & & & \\ -1-\frac{h}{2}p_2 & 2+h^2q_2 & -1+\frac{h}{2}p_2 & & & \\ & \ddots & \ddots & \ddots & & \\ & & -1-\frac{h}{2}p_{N-2} & 2+h^2q_{N-2} & -1+\frac{h}{2}p_{N-2} \\ & & & -1-\frac{h}{2}p_{N-1} & 2+h^2q_{N-1} \end{bmatrix} \begin{bmatrix} y_1 \\ y_2 \\ \vdots \\ y_{N-2} \\ y_{N-1} \end{bmatrix}$$

$$= \left[-h^2r_1 + \left(1+\frac{h}{2}p_1\right)y_0,\ -h^2r_2,\ \cdots,\ -h^2r_{N-2},\ -h^2r_{N-1} + \left(1-\frac{h}{2}p_{N-1}\right)y_N\right]^{\mathrm{T}}. \tag{2.25}$$

方程组 (2.22) 的系数阵的非零元素集中分布在主对角线及其相邻两条次对角线上, 依据该特点, 首先采用 Gauss 消元将其化为系数阵为单位上三角阵的方程组, 而后导出其求解公式, 并利用该求解公式编程计算求得其解. 为保证 Gauss 消元过

程中的主元素不为零, 我们要求方程组 (2.22) 的系数阵的元素满足:

$$|b_1| > |c_1| > 0; \quad |b_i| \geqslant |a_i| + |c_i|,\ a_i c_i \neq 0\ (i = 2, 3, \cdots, n-1); \quad |b_n| \geqslant |a_n| > 0. \tag{2.26}$$

方程组 (2.22) 经 $n-1$ 次消元后, 可化为同解的上三角型方程组

$$\begin{bmatrix} 1 & \beta_1 & & & \\ & 1 & \beta_2 & & \\ & & \ddots & \ddots & \\ & & & 1 & \beta_{n-1} \\ & & & & 1 \end{bmatrix} \begin{bmatrix} x_1 \\ x_2 \\ \vdots \\ x_{n-1} \\ x_n \end{bmatrix} = \begin{bmatrix} \gamma_1 \\ \gamma_2 \\ \vdots \\ \gamma_{n-1} \\ \gamma_n \end{bmatrix}, \tag{2.27}$$

其中

$$\begin{cases} \beta_1 = c_1/b_1, \quad \gamma_1 = d_1/b_1, \\ \beta_i = c_i/(b_i - \beta_{i-1}a_i), \quad i = 2, 3, \cdots, n-1, \\ \gamma_i = (d_i - \gamma_{i-1}a_i)/(b_i - \beta_{i-1}a_i), \quad i = 2, 3, \cdots, n. \end{cases} \tag{2.28}$$

利用回代过程即可求得方程组 (2.22) 的解

$$x_n = \gamma_n, \quad x_i = \gamma_i - \beta_i x_{i+1}, \quad i = n-1, n-2, \cdots, 2. \tag{2.29}$$

该算法程序如下:

算法 2.4 追赶法

```
function x=chase(a,b,c,d)
  n=length(b); f(1)=c(1)/b(1); g(1)=d(1)/b(1);
 for i=2:n-1
  h(i)=b(i)-f(i-1)*a(i-1); f(i)=c(i)/h(i);
  g(i)=(d(i)-g(i-1)*a(i-1))/h(i);
 end
  g(n)=(d(n)-g(n-1)*a(n-1))/(b(n)-f(n-1)*a(n-1));
  x(n)=g(n);
 for i=n-1:-1:1
  x(i)=g(i)-f(i)*x(i+1);
 end
```

上述前推过程称为 “**追**”, 回代过程称为 “**赶**”, 故称该方法为**追赶法**. 追赶法的优点在于可直接用公式 (2.27) 与 (2.28) 计算方程组 (2.22), 其与 Gauss 消元法相比较, 不但节省了大量的存储单元, 而且加速了计算速度.

例 2.6　用追赶法求解三对角型稀疏型方程组

$$\begin{bmatrix} 6 & 3 & 0 & 0 & 0 \\ 2 & 6 & 3 & 0 & 0 \\ 0 & 2 & 6 & 3 & 0 \\ 0 & 0 & 2 & 6 & 3 \\ 0 & 0 & 0 & 2 & 6 \end{bmatrix} \begin{bmatrix} x_1 \\ x_2 \\ x_3 \\ x_4 \\ x_5 \end{bmatrix} = \begin{bmatrix} 1 \\ 2 \\ 3 \\ 4 \\ 5 \end{bmatrix}.$$

解　记

$$a = [2,\ 2,\ 2,\ 2]^{\mathrm{T}}, \quad b = [6,\ 6,\ 6,\ 6,\ 6]^{\mathrm{T}}, \quad c = [3,\ 3,\ 3,\ 3]^{\mathrm{T}}, \quad d = [1,\ 2,\ 3,\ 4,\ 5]^{\mathrm{T}}.$$

根据算法 2.4, 运行 Matlab 命令 chase(a, b, c, d) 得其方程组的解

$$X = [0.1194,\ 0.0944,\ 0.3981,\ 0.1407,\ 0.7864]^{\mathrm{T}}. \quad \blacksquare$$

追赶法是一类求解带型稀疏方程组的方法. 在实际应用中还存在着各种其他类型的稀疏方程组, 其数值处理方法可参见专著 [10, 11].

2.6　扰 动 分 析

线性方程组的各种直接方法理论上可计算出方程组的精确解, 可是当针对某些方程组上机运行其算法时, 计算结果严重失真, 甚至产生计算机溢出. 其主要原因是由于计算过程中的舍入误差使得输入的已知数据往往带有微小扰动, 某些方程组对这种小扰动异常敏感, 所以导致其计算解产生大的偏差, 称该类方程组为**病态方程组**.

下面, 给出一个典型的病态方程组示例.

例 2.7　考虑 4 阶 Hilbert 型线性方程组

$$\begin{bmatrix} 1 & 1/2 & 1/3 & 1/4 \\ 1/2 & 1/3 & 1/4 & 1/5 \\ 1/3 & 1/4 & 1/5 & 1/6 \\ 1/4 & 1/5 & 1/6 & 1/7 \end{bmatrix} X = \begin{bmatrix} 25/12 \\ 77/60 \\ 19/20 \\ 319/420 \end{bmatrix},$$

其精确解为 $X = [1,\ 1,\ 1,\ 1]^{\mathrm{T}}$. 当将该方程组的已知数据截断仅保留 5 位有效数字时, 其方程组成为

$$\begin{bmatrix} 1.0000 & 0.5000 & 0.3333 & 0.2500 \\ 0.5000 & 0.3333 & 0.2500 & 0.2000 \\ 0.3333 & 0.2500 & 0.2000 & 0.1667 \\ 0.2500 & 0.2000 & 0.1667 & 0.1429 \end{bmatrix} \hat{X} = \begin{bmatrix} 2.0833 \\ 1.2833 \\ 0.9500 \\ 0.7595 \end{bmatrix}.$$

经计算, 该方程组保留 5 位有效数字的解为 $\hat{X} = [1.0185,\ 0.7832,\ 1.5355,\ 0.6457]^{\mathrm{T}}$, 其具相对误差

$$\frac{\|X-\hat{X}\|_\infty}{\|X\|_\infty} = 0.5355. \quad \blacksquare$$

下面, 为研究线性方程组的病态现象, 我们通过分析其误差导出衡量线性方程组是否病态的一个评价指标.

定理 2.5 设线性方程组 (2.2) 的系数阵 A 及右端向量 b 分别带有微小扰动 δ_A 和 δ_b, 其导出的扰动解 $X+\delta_X$ 满足

$$(A+\delta_A)(X+\delta_X) = b+\delta_b, \tag{2.30}$$

则其解具有如下局部相对误差估计:

$$\frac{\|\delta_X\|}{\|X\|} \leqslant \frac{\|A^{-1}\|\|A\|}{1-\|A^{-1}\|\|\delta_A\|}\left(\frac{\|\delta_b\|}{\|b\|}+\frac{\|\delta_A\|}{\|A\|}\right). \tag{2.31}$$

证明 将 (2.2) 代入 (2.30) 得

$$(A+\delta_A)\delta_X = \delta_b - \delta_A X, \tag{2.32}$$

即

$$\delta_X = (A+\delta_A)^{-1}(\delta_b-\delta_A X) = (I+A^{-1}\delta_A)^{-1}A^{-1}(\delta_b-\delta_A X).$$

不妨设 $\|A^{-1}\delta_A\|<1$, 则由上式及定理 1.8 得

$$\|\delta_X\| \leqslant \frac{\|A^{-1}\|}{1-\|A^{-1}\delta_A\|}(\|\delta_b\|+\|\delta_A\|\|X\|) \leqslant \frac{\|A^{-1}\|}{1-\|A^{-1}\|\|\delta_A\|}(\|\delta_b\|+\|\delta_A\|\|X\|).$$

从而

$$\frac{\|\delta_X\|}{\|X\|} \leqslant \frac{\|A^{-1}\|}{1-\|A^{-1}\|\|\delta_A\|}\left(\frac{\|\delta_b\|}{\|X\|}+\|\delta_A\|\right). \tag{2.33}$$

又由 $\|b\| = \|AX\| \leqslant \|A\|\|X\|$, 有

$$\frac{1}{\|X\|} \leqslant \frac{\|A\|}{\|b\|}. \tag{2.34}$$

代入 (2.34) 到 (2.33) 即得误差估计 (2.31). $\blacksquare$

当扰动 $\|\delta_A\|$ 充分小时, 有如下近似关系:

$$\frac{\|A^{-1}\|\|A\|}{1-\|A^{-1}\|\|\delta_A\|} \approx \|A^{-1}\|\|A\|. \tag{2.35}$$

定理 2.5 及上述近似关系表明: $\|A^{-1}\|\|A\|$ 表征着方程组 (2.2) 的解 X 对其系数阵 A 及右端向量 b 变化的敏度, 故称之为方程组 (2.2) 的**条件数**, 并记为 $\mathrm{Cond}(A)$. 当 $\mathrm{Cond}(A) \gg 1$ 时, 方程组 (2.2) 视为是**病态的**. 常用条件数有

$$\mathrm{Cond}_1(A) := \|A^{-1}\|_1\|A\|_1, \quad \mathrm{Cond}_\infty(A) := \|A^{-1}\|_\infty\|A\|_\infty,$$

$$\mathrm{Cond}_2(A) := \|A^{-1}\|_2\|A\|_2 = \sqrt{\frac{\max\limits_{1\leqslant i\leqslant n}\{\lambda_i^{A^\mathrm{T}A}\}}{\min\limits_{1\leqslant i\leqslant n}\{\lambda_i^{A^\mathrm{T}A}\}}},$$

这里 $\lambda_i^{A^\mathrm{T}A}$ 表示矩阵 $A^\mathrm{T}A$ 的第 i 个特征值. 据此, 可计算出例 2.7 的三种条件数为

$$\mathrm{Cond}_1(A) \approx 36250, \quad \mathrm{Cond}_2(A) \approx 19808, \quad \mathrm{Cond}_\infty(A) \approx 36250.$$

由此可见, 例 2.7 中的 Hilbert 型线性方程组是病态方程组. 因此, 其扰动解 $\hat{X}$ 存在着较大的偏差. 此外, 当矩阵 A 为对称阵时, 其基于 2-范数的条件数可写成

$$\mathrm{cond}_2(A) = \frac{\max\limits_{1\leqslant i\leqslant n}\{|\lambda_i^A|\}}{\min\limits_{1\leqslant i\leqslant n}\{|\lambda_i^A|\}}.$$

若 $\|A^{-1}\delta_A\| < 1$, 则由定理 1.8 有

$$\frac{\|(A+\delta_A)^{-1} - A^{-1}\|}{\|A^{-1}\|} = \frac{\|[I-(I+A^{-1}\delta_A)][(I+A^{-1}\delta_A)^{-1}A^{-1}\|}{\|A^{-1}\|}$$

$$\leqslant \frac{\|A^{-1}\|\|\delta_A\|}{1-\|A^{-1}\|\|\delta_A\|} \approx \mathrm{Cond}(A)\ \frac{\|\delta_A\|}{\|A\|}.$$

此表明 $\mathrm{Cond}(A)$ 也可作为矩阵求逆问题的条件数. 此外, 以下定理表明:

当 $\mathrm{Cond}_2(A) \gg 1$ 时, 矩阵 A 几乎是一个奇异阵.

定理 2.6　设矩阵 $A \in \mathbb{R}^{n\times n}$ 非奇异, 则有

$$\min\left\{\frac{\|\delta_A\|_2}{\|A\|_2} :\ A+\delta_A \text{ 奇异}\right\} = \frac{1}{\mathrm{Cond}_2(A)}.$$

设应用某计算方法求解线性方程组 (2.2) 得到计算解 $\hat{X}$, 则

$$r \triangleq b - A\hat{X} = A(X-\hat{X}).$$

从而

$$\|X-\hat{X}\|_\infty = \|A^{-1}r\|_\infty \leqslant \|A^{-1}\|_\infty\|r\|_\infty.$$

又

$$\|b\|_\infty = \|AX\|_\infty \leqslant \|A\|_\infty \|X\|_\infty \quad \text{或} \quad \frac{1}{\|X\|_\infty} \leqslant \frac{\|A\|_\infty}{\|b\|_\infty},$$

因此, 其解的全局相对误差

$$\frac{\|X - \hat{X}\|_\infty}{\|X\|_\infty} \leqslant k_\infty(A) \frac{\|r\|_\infty}{\|b\|_\infty}, \quad \text{这里 } k_\infty(A) = \mathrm{Cond}_\infty(A).$$

故计算解 $\hat{X}$ 的精度可用上式右端估计, 其中条件数是决定其精度的重要因素.

习 题 2

2.1 证明: Gauss 变换 $L_k = I - l_k e_k^{\mathrm{T}}$ 可逆, 且 $L_k^{-1} = I + l_k e_k^{\mathrm{T}}$, 其中 I 为 n 阶单位阵, e_k 表示 I 的第 k 列, $l_k = [\underbrace{0, \cdots, 0}_{k}, l_{k+1,k}, \cdots, l_{n,k}]^{\mathrm{T}}$, $l_{i,k} = a_{ik}^{(k)}/a_{kk}^{(k)}$.

2.2 设矩阵 $A = (a_{ij}) \in \mathbb{R}^{n\times n}$ 满足 $a_{11} \neq 0$, 且其经一步 Gauss 消元后成为

$$\begin{bmatrix} a_{11} & a_1^{\mathrm{T}} \\ 0 & A_2 \end{bmatrix}.$$

证明: (1) 若 A 为对称阵, 则 A_2 也是对称阵;

(2) 若 A 为正定阵, 则 A_2 也是正定阵;

(3) 若 A 为严格对角占优阵, 则 A_2 也是严格对角占优阵.

2.3 设矩阵 $A = (a_{ij}) \in \mathbb{R}^{n\times n}$ 为严格对角占优阵. 证明: A 有唯一的 Doolitle 分解 $A = LU$, 且 L 的下三角部分的元素满足 $|l_{ij}| < 1$.

2.4 用 Doolitle 分解法求解方程组

$$\begin{bmatrix} 3 & 2 & -1 & 2 \\ 1 & 4 & 0 & 2 \\ 2 & 1 & 2 & -1 \\ 1 & 1 & -1 & 3 \end{bmatrix} \begin{bmatrix} x_1 \\ x_2 \\ x_3 \\ x_4 \end{bmatrix} = \begin{bmatrix} -2 \\ 1 \\ 3 \\ 4 \end{bmatrix}.$$

2.5 用改进的 Cholesky 分解法求解方程组

$$\begin{bmatrix} 5 & -4 & 1 & 0 \\ -4 & 6 & -4 & 1 \\ 1 & -4 & 6 & -4 \\ 0 & 1 & -4 & 5 \end{bmatrix} \begin{bmatrix} x_1 \\ x_2 \\ x_3 \\ x_4 \end{bmatrix} = \begin{bmatrix} 2 \\ -1 \\ -1 \\ 2 \end{bmatrix}.$$

2.6 若 $A + \mathrm{i}B$ 是一个 Hermite 正定矩阵, 其中 $A, B \in \mathbb{R}^{n\times n}$. 试证明矩阵

$$G = \begin{bmatrix} A & -B \\ B & A \end{bmatrix}$$

是对称正定的, 且复线性方程组

$$(A+\mathrm{i}B)(X+\mathrm{i}Y)=a+\mathrm{i}b,\quad X,Y,a,b\in\mathbb{R}^n$$

等价于实线性方程组

$$G\begin{bmatrix}X\\Y\end{bmatrix}=\begin{bmatrix}a\\b\end{bmatrix}.$$

2.7　用 QR 分解法求解 2.4 题中的方程组, 并比较其与 Doolitle 分解法所用的计算时间.

2.8　用追赶法求解三对角型方程组

$$\begin{bmatrix}2&-1&0&0&0\\-1&2&-1&0&0\\0&-1&2&-1&0\\0&0&-1&2&-1\\0&0&0&-1&2\end{bmatrix}\begin{bmatrix}x_1\\x_2\\x_3\\x_4\\x_5\end{bmatrix}=\begin{bmatrix}1\\0\\0\\0\\0\end{bmatrix}.$$

2.9　设有线性方程组 $AX=b$, 其中

$$A=\begin{bmatrix}10&7&8&7\\7&5&6&5\\8&6&10&9\\7&5&9&10\end{bmatrix},\quad b=\begin{bmatrix}32\\23\\33\\31\end{bmatrix}.$$

试解答下列问题:

(1) 给出该方程组的精确解 X;

(2) 计算条件数 $\mathrm{Cond}_\infty(A)$, 并由此判定方程组是否病态;

(3) 若给系数阵 A 以扰动: $\delta A=0.01A$, 给向量 b 以扰动: $\delta b=[0.01,\ -0.01,\ 0.01,\ -0.01]^{\mathrm{T}}$, 试求解扰动方程

$$(A+\delta A)\hat{X}=b+\delta b,$$

并计算其相对误差 $\hat{e}:=\|X-\hat{X}\|_\infty/\|X\|_\infty$.

2.10　(实验题) 给定常微分方程二阶边值问题

$$\begin{cases}y''+4y=\left(4-\pi^2\right)[2\cos(\pi x)+3\sin(\pi x)], & 0\leqslant x\leqslant 1,\\ y(0)=2,\quad y(1)=-2.\end{cases}$$

试取计算步长 $h=0.1$, 应用有限差分格式 (2.24) 将上述边值问题离散成三对角型线性方程组. 然后, 分别利用 Doolitle 分解法、改进的 Cholesky 分解法、QR 分解法及追赶法求解该线性方程组, 获得原边值问题在网格内点 x_i $(i=1,2,\cdots,9)$ 的四组逼近解 (保留 5 位有效数字). 此外, 要求给出四组逼近解的计算误差: $\mathrm{err}=\max\limits_{1\leqslant i\leqslant 9}|y(x_i)-y_i|$ 及计算时间, 以此比较其算法的计算效率.

第 3 章　曲线拟合法

作为线性方程组直接解法的一个应用, 本章将介绍最小二乘问题的**曲线拟合法**. 在科学实验与数据统计分析中, 常常不知道问题变量间的精确函数关系, 而仅能通过测试方法或统计方法获得一组数据. 由于主观或客观原因, 这些数据往往带有误差, 利用这些数据构造的插值公式本身也存在着截断误差, 这就表明插值方法作为科学研究工具存在一定的局限性. 为克服这一局限性, 人们常常采用曲线拟合法来进行数据处理, 该方法的特点是一般不要求拟合曲线过型值点, 且问题的求解可简单地转化为线性方程组的求解.

3.1　最小二乘问题

设有一组数据 $\{(t_i, y_i)\}_{i=1}^m$, 今在函数类

$$\Phi := \mathrm{Span}\{\varphi_1, \varphi_2, \cdots, \varphi_n\}$$

中寻找一个函数 $f(x,t) = \sum_{j=1}^{n} x_j \varphi_j(t)$ $(x = [x_1,\ x_2,\ \cdots,\ x_n]^{\mathrm{T}})$ 使得

$$r_i(x) := y_i - f(x, t_i), \quad i = 1, 2, \cdots, m \tag{3.1}$$

尽可能小.

若记

$$A = \begin{bmatrix} \varphi_1(t_1) & \varphi_2(t_1) & \cdots & \varphi_n(t_1) \\ \varphi_1(t_2) & \varphi_2(t_2) & \cdots & \varphi_n(t_2) \\ \vdots & \vdots & & \vdots \\ \varphi_1(t_m) & \varphi_2(t_m) & \cdots & \varphi_n(t_m) \end{bmatrix}, \quad b = \begin{bmatrix} y_1 \\ y_2 \\ \vdots \\ y_m \end{bmatrix}, \quad r(x) = \begin{bmatrix} r_1(x) \\ r_2(x) \\ \vdots \\ r_m(x) \end{bmatrix},$$

则 (3.1) 可表示为 $r(x) = b - Ax$, 并称之为**残量**. 从而, 上述问题可表述为下列最小二乘问题.

定义 3.1　给定矩阵 $A \in \mathbb{R}^{m \times n}$ 及向量 $b \in \mathbb{R}^m$, 确定一个向量 $x \in \mathbb{R}^n$ 使得

$$\|r(x)\|_2 = \min_{y \in \mathbb{R}^n} \|r(y)\|_2. \tag{3.2}$$

该问题称为**最小二乘问题**或 **LS 问题**, 而求解该问题的方法称为**曲线拟合方法**.

以下简记最小二乘问题的解集 X_{LS}, 且恒设 $\mathrm{rank}(A) = n \leqslant m$. 为给出最小二乘问题的解的存在唯一性准则, 我们首先回顾一些来自线性代数的相关概念和结论. 这些基本知识及其扩展知识可进一步参阅文献 [1, 2].

A 的值域　$R(A) = \{y \in \mathbb{R}^m: \ y = Ax, \ x \in \mathbb{R}^n\}$.

若 a_i 为 A 的诸列向量, 则 $R(A) = \mathrm{Span}\{a_1, a_2, \cdots, a_n\}$.

A 的零空间　$N(A) = \{x \in \mathbb{R}^n: \ Ax = 0\}$, 其维数记为 $\mathrm{Null}(A)$.

空间 $S \subset \mathbb{R}^n$ 的正交补　$S^{\perp} = \{y \in \mathbb{R}^n: \ y^{\mathrm{T}}x = 0, \ \forall x \in S\}$.

基于上述概念, 线性方程组

$$Ax = b, \quad A \in \mathbb{R}^{m\times n}, \quad x \in \mathbb{R}^n, \quad b \in \mathbb{R}^m \tag{3.3}$$

具有如下解的结构理论 (例见文献 [1]).

定理 3.1　线性方程组 (3.3) 的解存在的充要条件是

$$\mathrm{rank}(A) = \mathrm{rank}[A, b].$$

定理 3.2　若线性方程组 (3.3) 的解存在, 且 x 为其任一解, 则 (3.3) 的全部解集为 $x + N(A)$.

推论 3.1　线性方程组 (3.3) 有唯一解的充要条件是 $\mathrm{Null}(A) = 0$.

进一步, 由线性代数基本理论, 我们可导出线性最小二乘问题 (3.2) 的解的存在唯一性结果.

定理 3.3　线性最小二乘问题 (3.2) 的解总是存在的, 且其有唯一解的充要条件是 $\mathrm{Null}(A) = 0$.

证明　由 $\mathbb{R}^m = R(A) \bigoplus R(A)^{\perp}$ 可知 b 可唯一地表示为

$$b = b_1 + b_2, \quad b_1 \in R(A), \quad b_2 \in R(A)^{\perp}.$$

因此, $\forall x \in \mathbb{R}^n$ 有 $b_1 - Ax \in R(A)$ 与 b_2 正交, 从而

$$\|r(x)\|_2^2 = \|b - Ax\|_2^2 = \|(b_1 - Ax) + b_2\|_2^2 = \|b_1 - Ax\|_2^2 + \|b_2\|_2^2.$$

由此可知, $\|r(x)\|_2$ 达到极小当且仅当 $\|b_1 - Ax\|_2$ 达到极小. 而 $b_1 \in R(A)$ 意味着 $\|b_1 - Ax\|_2$ 达到极小的充要条件是 $Ax = b_1$. 由此及推论 3.1 即证得本定理. ■

3.2　正则化方法

基于下述定理, 问题 (3.2) 可转化为一种特殊线性方程组的求解问题.

定理 3.4　$x \in X_{\mathrm{LS}}$ 为问题 (3.2) 的解当且仅当

$$A^{\mathrm{T}}Ax = A^{\mathrm{T}}b. \tag{3.4}$$

证明　若 $x \in X_{\mathrm{LS}}$, 则根据定理 3.3 的证明可知：$Ax = b_1$, 且

$$r(x) = b - Ax = b - b_1 = b_2 \in R(A)^{\perp},$$

则 $A^{\mathrm{T}} r(x) = A^{\mathrm{T}} b_2$. 又 $\forall x \in \mathbb{R}^n$ 有

$$Ax = b_1 \Rightarrow b_2^{\mathrm{T}} Ax = 0 \Rightarrow b_2^{\mathrm{T}} A = 0 \Rightarrow A^{\mathrm{T}} b_2 = 0.$$

因此, $A^{\mathrm{T}} r(x) = 0$. 将 $r(x) = b - Ax$ 代入其中即得 (3.4).

反之, 若 $x \in \mathbb{R}^n$ 满足方程 (3.4), 则 $\forall y \in \mathbb{R}^n$ 有

$$\begin{aligned}\|b - A(x+y)\|_2^2 &= \|b - Ax\|_2^2 - 2y^{\mathrm{T}} A^{\mathrm{T}}(b - Ax) + \|Ay\|_2^2 \\ &= \|b - Ax\|_2^2 + \|Ay\|_2^2 \geqslant \|b - Ax\|_2^2.\end{aligned}$$

因此, $x \in X_{\mathrm{LS}}$. ■

方程组 (3.4) 称为最小二乘问题 (3.2) 的**正则方程**, 故通过求解正则方程而获得最小二乘问题解的曲线拟合方法称为**正则化方法**. 一般, 先前章节介绍的直接方法均可用于求解方程组 (3.4). 特别, 当 A 为可逆方阵时, 我们可应用平方根法或改进的平方根法求解方程组 (3.4).

例 3.1　已知一组实验数据如下：

i	0	1	2	3	4	5	6	7	8	9
x_i	0.1	0.2	0.3	0.4	0.5	0.6	0.7	0.8	0.9	1.0
y_i	1.00	2.12	3.02	3.26	3.14	2.86	2.51	2.06	1.76	1.34

试确定拟合曲线

$$\varrho(x) = a_1 + a_2 x + a_3 x \cos x + a_4 x \sin x.$$

解　记

$$\varphi_1(x) = 1, \quad \varphi_2(x) = x, \quad \varphi_3(x) = x\cos x, \quad \varphi_4(x) = x \sin x.$$

则由此及已知有

$$A = \begin{bmatrix} 1 & 0.1 & 0.0995 & 0.0100 \\ 1 & 0.2 & 0.1960 & 0.0397 \\ 1 & 0.3 & 0.2866 & 0.0887 \\ 1 & 0.4 & 0.3684 & 0.1558 \\ 1 & 0.5 & 0.4388 & 0.2397 \\ 1 & 0.6 & 0.4952 & 0.3388 \\ 1 & 0.7 & 0.5354 & 0.4510 \\ 1 & 0.8 & 0.5574 & 0.5739 \\ 1 & 0.9 & 0.5594 & 0.7050 \\ 1 & 1.0 & 0.5403 & 0.8415 \end{bmatrix}, \quad b = \begin{bmatrix} 1.00 \\ 2.12 \\ 3.02 \\ 3.26 \\ 3.14 \\ 2.86 \\ 2.51 \\ 2.06 \\ 1.76 \\ 1.34 \end{bmatrix}.$$

利用 Matlab 的矩阵乘、除法命令得其拟合曲线的系数阵

$$a=[a_1,a_2,a_3,a_4]^{\mathrm{T}}=(A^{\mathrm{T}}*A)\setminus(A^{\mathrm{T}}*b)$$
$$=[-0.7455,\ 35.2613,\ -14.9459,\ -29.7546]^{\mathrm{T}}.$$

因此, 所求拟合曲线为

$$\varrho(x)=-0.7455+35.2613x-14.9459x\cos x-29.7546x\sin x,$$

该曲线图形见图 3.1. ■

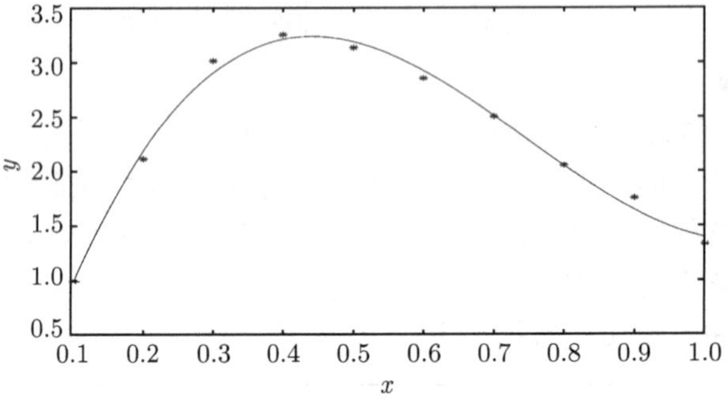

图 3.1　拟合曲线 $\varrho(x)$

在计算 $A^{\mathrm{T}}A$ 时, 若精度不够, 则有可能导致大的计算误差. 下面, 将给出一个误差分析. 为此, 首先需要引入矩阵的 Moore-Penrose 广义逆的概念. 若矩阵 $M\in\mathbb{R}^{n\times m}$ 满足

$$NMN=N,\quad MNM=M,\quad (NM)^{\mathrm{T}}=NM,\quad (MN)^{\mathrm{T}}=MN,$$

则称矩阵 M 为 N 的 **Moore-Penrose 广义逆**, 且记为 N^+. 由此易知, 当 A 为 n 阶可逆阵时, $A^+\triangleq(A^{\mathrm{T}}A)^{-1}A^{\mathrm{T}}$ 为 A 的 Moore-Penrose 广义逆, 且由方程 (3.4) 得最小二乘问题 (3.2) 的解 $x=A^+b$. 下面, 考虑 b 的扰动 δ_b 对上述最小二乘解的影响. 设所产生的扰动解 $x+\delta_x$ 满足

$$x+\delta_x=A^+\tilde{b},\quad 其中\ \tilde{b}=b+\delta_b,$$

则有如下误差估计.

定理 3.5　设 $b_1(\neq 0)$, $\tilde{b}_1$ 分别为 b 和 $\tilde{b}$ 在 $R(A)$ 上的正交投影, 则最小二乘解 x 有相对误差估计

$$\frac{\|\delta_x\|_2}{\|x\|_2}\leqslant k_2^+(A)\frac{\|b_1-\tilde{b}_1\|_2}{\|b_1\|_2},\quad 这里\ k_2^+(A)=\|A\|_2\|A^+\|_2. \tag{3.5}$$

证明 设 b 在 $R(A)^{\perp}$ 上的正交投影为 b_2, 则 $A^{\mathrm{T}}b_2=0$, 由 $b=b_1+b_2$ 得

$$A^{+}b=A^{+}b_1+A^{+}b_2=A^{+}b_1+(A^{\mathrm{T}}A)^{-1}A^{\mathrm{T}}b_2=A^{+}b_1.$$

同理 $A^{+}\tilde{b}=A^{+}\tilde{b}_1$. 因此,

$$\|\delta_x\|_2=\|A^{+}b-A^{+}\tilde{b}\|_2=\|A^{+}(b_1-\tilde{b}_1)\|_2\leqslant\|A^{+}\|_2\|b_1-\tilde{b}_1\|_2.$$

又由 $Ax=b_1$ 得

$$\|b_1\|_2\leqslant\|A\|_2\|x\|_2 \quad \text{或} \quad \frac{1}{\|x\|_2}\leqslant\frac{\|A\|_2}{\|b_1\|_2}.$$

故由上述不等式即得估计 (3.5). ■

$k_2^{+}(A)$ 称为最小二乘问题的条件数, 其与方阵 $A^{\mathrm{T}}A$ 的条件数 $k_2(A^{\mathrm{T}}A)$ 之间有如下关系.

定理 3.6 设 A 的列向量组线性无关, 则

$$k_2^{+}(A)=\sqrt{k_2(A^{\mathrm{T}}A)}. \tag{3.6}$$

证明 由矩阵 2-范数的定义有

$$\|A\|_2^2=\|A^{\mathrm{T}}A\|_2, \quad \|A^{+}\|_2^2=\|A^{+}(A^{+})^{\mathrm{T}}\|_2=\|(A^{\mathrm{T}}A)^{-1}\|_2.$$

因此

$$[k_2^{+}(A)]^2=\|A\|_2^2\|A^{+}\|_2^2=\|A^{\mathrm{T}}A\|_2\|(A^{\mathrm{T}}A)^{-1}\|_2=k_2(A^{\mathrm{T}}A).$$

故本定理得证. ■

3.3 正交化方法

本节将利用线性方程组的 QR 分解法求解最小二乘问题 (3.2), 该曲线拟合方法称为**正交化方法**. 由 l_2 范数的正交不变性, 对任意正交阵 $Q\in\mathbb{R}^{m\times m}$ 有

$$\|Ay-b\|_2=\|Q^{\mathrm{T}}(Ay-b)\|_2, \quad \forall y\in\mathbb{R}^n.$$

因此最小二乘问题 (3.2) 等价于求 $x\in\mathbb{R}^n$, 使得

$$r(x)=\min_{y\in\mathbb{R}^n}\|Q^{\mathrm{T}}(Ay-b)\|_2. \tag{3.7}$$

当 Q 选择适当时, (3.7) 有可能比原问题更易求.

设 $A\in\mathbb{R}^{m\times n}$ $(m\geqslant n)$ 有形如 (2.20) 的 QR 分解, 今将 Q 分块为

$$Q=[Q_1,\ Q_2], \quad Q_1\in\mathbb{R}^{m\times n}, \quad Q_2\in\mathbb{R}^{m\times(m-n)},$$

则

$$Q^{\mathrm{T}}b = \begin{bmatrix} Q_1^{\mathrm{T}} \\ Q_2^{\mathrm{T}} \end{bmatrix} b \triangleq \begin{bmatrix} c_1 \\ c_2 \end{bmatrix}.$$

因此,

$$\|Ay-b\|_2^2 = \|Q^{\mathrm{T}}(Ay-b)\|_2 = \|Ry-c_1\|_2^2 + \|c_2\|_2^2, \quad \forall y \in \mathbb{R}^n.$$

由此可见, x 是最小二乘问题 (3.2) 的解当且仅当

$$Rx = c_1. \tag{3.8}$$

故有如下**正交化方法**:

Step 1 计算 A 的 QR 分解;

Step 2 计算 $c_1 = Q_1^{\mathrm{T}}b$;

Step 3 求解上三角型方程组 $Rx = c_1$.

正交化方法的实现关键在于如何将 A 进行 QR 分解. 对此, 可利用 Householder 变换法获得, 其具体计算步骤如下:

Step 1 计算 Householder 变换 $H_1 \in \mathbb{R}^{m\times m}$ 使得

$$A_2 := H_1 A = \begin{bmatrix} A_{11}^{(2)} & A_{12}^{(2)} \\ 0 & A_{22}^{(2)} \end{bmatrix},$$

这里, $A_{11}^{(2)} \in \mathbb{R}^+$, $A_{12}^{(2)} \in \mathbb{R}^{1\times(n-1)}$, $A_{22}^{(2)} \in \mathbb{R}^{(m-1)\times(n-1)}$;

Step 2 设经 $k-1$ 步已计算出 Householder 变换 $H_1, H_2, \cdots, H_{k-1} \in \mathbb{R}^{m\times m}$, 使得

$$A_k := H_{k-1}H_{k-2}\cdots H_1 A = \begin{bmatrix} A_{11}^{(k)} & A_{12}^{(k)} \\ 0 & A_{22}^{(k)} \end{bmatrix},$$

这里, $A_{11}^{(k)} \in \mathbb{R}^{(k-1)\times(k-1)}$ 是具正对角元的上三角阵, $A_{12}^{(k)} \in \mathbb{R}^{(k-1)\times(n-k+1)}$, $A_{22}^{(k)} := (u_k, u_{k+1}, \cdots, u_n) \in \mathbb{R}^{(m-k+1)\times(n-k+1)}$. 此外, 第 k 步的 Householder 变换 H_k 通过下列过程获得: 首先计算

$$v_k := u_k - \|u_k\|_2 e_1, \quad \tilde{v}_k := v_k / v_k(1), \quad \tilde{H}_k := I_{m-k+1} - 2\tilde{v}_k\tilde{v}_k^{\mathrm{T}}/\|\tilde{v}_k\|_2^2,$$

其中 $v_k(1)$ 是 v_k 的第 1 个分量, Householder 变换 $\tilde{H}_k$ 满足 $\tilde{H}_k u_k = \|u_k\|_2 e_1$. 取 $H_k = \mathrm{diag}(I_{k-1}, \tilde{H}_k)$, 则有

$$A_{k+1} := H_k A_k = \begin{bmatrix} A_{11}^{(k+1)} & A_{12}^{(k+1)} \\ 0 & A_{22}^{(k+1)} \end{bmatrix},$$

这里, $A_{11}^{(k+1)} \in \mathbb{R}^{k\times k}$ 是具正对角元的上三角阵,

$$A_{12}^{(k+1)} \in \mathbb{R}^{k\times(n-k)}, \quad A_{22}^{(k+1)} \in \mathbb{R}^{(m-k)\times(n-k)}.$$

Step 3 重复上述步骤至第 n 步, 可将 A 化为上三角阵, 即

$$H_nH_{n-1}\cdots H_1A = \begin{bmatrix} A_{11}^{(n)} \\ 0 \end{bmatrix}, \quad A_{11}^{(n)} \in \mathbb{R}^{n\times n}.$$

记

$$Q = H_1H_2\cdots H_n, \quad R = A_{11}^{(n)},$$

则得 QR 分解

$$A = Q\begin{bmatrix} R \\ 0 \end{bmatrix}.$$

Step 4 求解上三角型线性方程组

$$RX = Q_1^{\mathrm{T}}b,$$

即得原方程组 (3.2) 的解.

在 Step 2 中, 将向量 v_k 的第 1 个分量规范化为 1, 即将 v_k 变成 $\tilde{v}_k=[1,\ \tilde{v}_{k+1}^{(k)},\cdots,\tilde{v}_n^{(k)}]^{\mathrm{T}}$, 目的是为了在计算过程中节省存储单元. 事实上, 在实际编程计算时, 考虑到分解完成后矩阵 A 的元素不再需要存储, 只需存储阵 Q 和 R 的元素, 而存储阵 Q 只需存储每个 H_k 对应的向量 $\tilde{v}_k$ 的后 $n-k$ 个元素. 因此, 在下列正交化方法的程序代码中, 我们将每个向量 $\tilde{v}_k$ 的后 $n-k$ 个元素分别存储到了矩阵 A 的对角元以下的相应位置, 而将 R 的元素存储到了矩阵 A 的对角元及其以上的相应位置. 其算法的程序代码如下:

算法 3.1 正交化方法

```
function x=qrfact(A,b)
 [m n]=size(A); Q=eye(m); R=zeros(n);
for j=1:n
     [v,beta]=householder(A(j:m,j));
     A(j:m,j:n)=(eye(m-j+1)-beta*v*v')*A(j:m,j:n);
     d(j)=beta;
  if j<m
     A(j+1:m,j)=v(2:m-j+1);
  end
```

```
end
    R=triu(A);
for k=1:n
    H=eye(m);
    H1=eye(m-k+1)-d(k)*[1,A(k+1:m,k)']'*[1,A(k+1:m,k)'];
    H(k:m,k:m)=H1; Q=Q*H;
end
   x=zeros(n,1); b=Q'*b;
for j=n:-1:1
   x(j)=(b(j)-sum(R(j,j+1:n).*x(j+1:n)'))/R(j,j);
end
```

例 3.2　已知飞机机翼断面的下轮廓线部分数据如下:

i	1	2	3	4	5	6	7	8	9	10
x_i	0	3	5	7	9	11	12	13	14	15
y_i	0	124.11	148.02	159.16	154.22	147.85	145.76	148.20	149.94	158.68

试利用正交化方法拟合出机翼断面的下轮廓线.

解　将给出的数据组标在坐标纸上, 可看到各点在一条过原点的三次曲线附近, 故可设拟合曲线为 $Q(x)=a_1x+a_2x^2+a_3x^3$. 此表明基函数

$$\varphi_1(x)=x,\quad \varphi_2(x)=x^2,\quad \varphi_3(x)=x^3,$$

且有

$$A=\begin{bmatrix}0&0&0\\3&9&27\\5&25&125\\7&49&343\\9&81&729\\11&121&1331\\12&144&1728\\13&169&2197\\14&196&2744\\15&225&3375\end{bmatrix},\quad b=\begin{bmatrix}0\\124.11\\148.02\\159.16\\154.22\\147.85\\145.76\\148.20\\149.94\\158.68\end{bmatrix}.$$

因此, 本问题对应的最小二乘问题为: 寻找向量 $a=[a_1,\ a_2,\ a_3]^{\mathrm{T}}\in\mathbb{R}^3$, 使得

$\|b - Aa\|_2 = \min\limits_{y \in \mathbb{R}^3} \|b - Ay\|_2$. 应用正交化方法 (算法 3.1) 于该最小二乘问题得

$$a = [56.206,\ -6.2535,\ 0.21463]^{\mathrm{T}},$$

即所求拟合曲线为

$$Q(x) = (56.206 - 6.2535x + 0.21463x^2)x,$$

其解曲线见图 3.2. ■

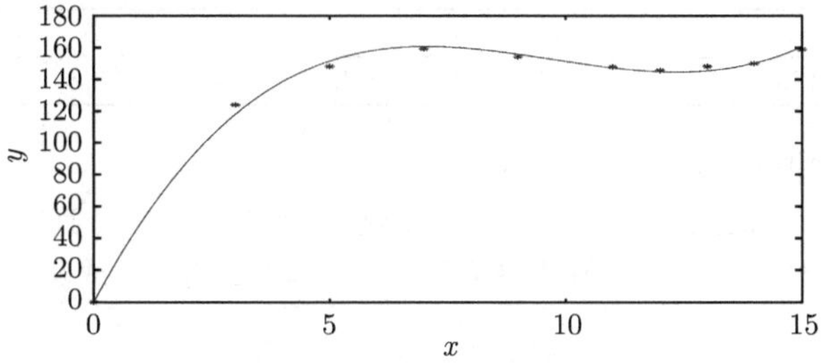

图 3.2 拟合曲线 $Q(x)$

上面, 主要介绍了最小二乘问题的两种重要方法, 即正则化方法和正交化方法. 关于最小二乘问题求解方法及其算法理论的更全面的阐述可参见专著 [9, 13].

习 题 3

3.1 设

$$A = \begin{bmatrix} -1 & 1 & 0 \\ 1 & -1 & 1 \\ 0 & 1 & -1 \end{bmatrix}, \quad b = \begin{bmatrix} 1 \\ 2 \\ 3 \end{bmatrix},$$

用正则化方法求解相应的最小二乘问题.

3.2 设

$$A = \begin{bmatrix} 1 & 3 & 1 & 1 \\ 2 & 0 & 0 & 0 \\ 1 & 0 & 0 & 0 \end{bmatrix}, \quad b = \begin{bmatrix} 1 \\ 1 \\ 1 \end{bmatrix},$$

用正则化方法求其相应最小二乘问题的所有解.

3.3 给定矩阵 $A \in \mathbb{R}^{m \times n}$ $(m \geqslant n)$ 及向量 $b \in \mathbb{R}^m$, 试证明: $\forall x, w \in \mathbb{R}^m$ 及 $\alpha \in \mathbb{R}$, 下列等式成立:

$$\|A(x + \alpha w) - b\|_2^2 = \|Ax - b\|_2^2 + 2\alpha w^{\mathrm{T}} A^{\mathrm{T}}(Ax - b) + \alpha^2 \|Aw\|_2^2;$$

并由此证明: 若 $x \in X_{\mathrm{LS}}$, 则 $A^{\mathrm{T}}Ax = A^{\mathrm{T}}b$.

3.4　已知一组实验数据：

i	0	1	2	3	4	5
x_i	0.1	0.3	0.5	0.6	0.7	0.9
y_i	0.61	0.92	1.12	1.52	1.47	2.04

试用正则化方法确定拟合曲线

$$\varrho(x) = a + bx + c\sin x + d\exp(x).$$

3.5　已知一组实验数据:

x_i	19	25	31	38	44
y_i	19.0	32.3	49.0	73.3	97.8

试用正交化方法确定拟合曲线 $y = a + bx^2$.

3.6　设有秩为 n 的矩阵 $A \in \mathbb{R}^{m\times n}$ 及向量 $b \in \mathbb{R}^n$, 存在排列阵 $P \in \mathbb{R}^{m\times m}$ 使得 $PA = LU$, 这里 $L, U \in \mathbb{R}^{m\times n}$ 分别为单位下三角阵和上三角阵. 试设计一种方法寻找向量 $z \in \mathbb{R}^n$ 使得

$$\|Lz - Pb\|_2 = \min.$$

并证明: 若 $Ux = z$, 则 $\|Ax - b\|_2 = \min.$

3.7　(实验题) 已知微分方程初值问题

$$x' + ax = 0,\quad x(0) = b$$

的解 $x(t)$ 在其网格点 $\{t_i\}$ 处的数值解 $\{x_i\}$:

i	1	2	3	4	5
t_i	0.1	0.2	0.3	0.4	0.5
x_i	80.4	53.9	36.1	24.2	16.2

试用正则化方法确定参数 a, b, 然后取步长 $h = 0.01$ 用显式 Euler 法描绘出该初值问题在区间 $[0, 1/2]$ 上的解曲线, 并与精确解的解曲线进行比较.

第 4 章　线性方程组的经典迭代法

迭代法是采取逐次逼近的方法, 从一个或多个初始量出发, 按照一定的计算格式获得方程组数值解的方法. 一般而言, 迭代法比直接法更适合于现代大规模科学工程计算, 其具有所需存储单元少、程序简单、计算速度快等优点. 若迭代法每步计算仅需其前面一步的迭代值, 则称该迭代法为**单步迭代法**, 否则称之为**多步迭代法**. 下面, 将主要介绍单步迭代法.

4.1　一般单步迭代法

设线性方程组

$$AX = b, \quad \text{其中 } A = (a_{ij}) \in \mathbb{R}^{n\times n} \text{ 可逆}, \tag{4.1}$$

有如下迭代格式

$$X^{(k+1)} = BX^{(k)} + F, \quad k = 0, 1, 2, \cdots, \tag{4.2}$$

其中 $X^{(0)}$ 为给定的初始向量, $X^{(k)} = [x_1^{(k)},\ x_2^{(k)},\ \cdots,\ x_n^{(k)}]^{\mathrm{T}} \in \mathbb{R}^n$, $B = (b_{ij}) \in \mathbb{R}^{n\times n}$, $F = [f_1,\ f_2,\ \cdots,\ f_n]^{\mathrm{T}} \in \mathbb{R}^n$, 矩阵 B 称为其迭代格式的**迭代矩阵**. 若有

$$\lim_{k\to+\infty} X^{(k)} = X^*,$$

则称其迭代格式是**收敛的**. 在迭代格式收敛的前提下, 由 (4.2) 两端取极限得

$$X^* = BX^* + F. \tag{4.3}$$

方程组 (4.3) 的解 X^* 未必就是方程组 (4.1) 的精确解. 为此, 需要引入相容性概念. 称方程组 (4.3) 与 (4.1) 是**相容的**, 若存在可逆阵 $G \in \mathbb{R}^{n\times n}$ 使得

$$G(I - B) = A, \quad GF = b. \tag{4.4}$$

当方程组 (4.3) 与 (4.1) 相容时, 其二者是等价的, 即 X^* 必为线性方程组 (4.1) 的精确解. 为简单见, 以下恒设方程组 (4.3) 与 (4.1) 是相容的. 对于一个迭代算法, 只有当其迭代序列收敛于方程组的精确解时, 其才是一个有效算法. 此时, 可将迭代收敛序列 $\{X^{(k)}\}$ 的某项 $X^{(k)}$ 作为精确解 X^* 的近似值. 鉴此, 本节将对线性方程组的一般单步迭代法的收敛性进行分析, 并导出其收敛性判据.

定理 4.1　当给定初始向量 $X^{(0)}$ 时, 迭代格式 (4.2) 收敛的充要条件是其迭代矩阵 B 的谱半径 $\rho(B) < 1$.

证明　由 (4.2)—(4.3) 有

$$X^{(k)} - X^* = B(X^{(k-1)} - X^*) = \cdots = B^k(X^{(0)} - X^*), \tag{4.5}$$

则 $\lim\limits_{k\to+\infty} X^{(k)} = X^*$ 当且仅当 $\lim\limits_{k\to+\infty} B^k = 0$, 从而应用定理 1.7 即得欲证结论. ■

事实上, 当迭代法应用于高阶线性方程组时, 利用其迭代阵的谱半径来判别收敛性是十分困难的, 因此有必要给出方便易行的收敛性判别准则. 下面给出一个利用矩阵范数来判别收敛性的准则, 其不但给出了收敛性判据, 而且给出了迭代解的先验误差估计与后验误差估计.

定理 4.2　若存在从属于某向量范数 $\|\cdot\|$ 的矩阵范数 $\|\cdot\|$ 使得迭代法 (4.2) 的迭代阵 B 满足 $\|B\| < 1$, 则该迭代法是收敛的, 且满足先验误差估计

$$\|X^{(k)} - X^*\| \leqslant \frac{\|B\|^k}{1-\|B\|}\|X^{(1)} - X^{(0)}\|, \quad k = 1, 2, \cdots \tag{4.6}$$

及后验误差估计

$$\|X^{(k)} - X^*\| \leqslant \frac{\|B\|}{1-\|B\|}\|X^{(k)} - X^{(k-1)}\|, \quad k = 1, 2, \cdots, \tag{4.7}$$

其中 X^* 为方程组 (4.1) 的精确解.

证明　根据 (4.5) 有

$$\|X^{(k)} - X^*\| \leqslant \|B\|^k\|X^{(0)} - X^*\|. \tag{4.8}$$

由 $\|B\| < 1$ 可知 $I - B$ 可逆, 则方程 (4.3) 等价于 $X^* = (I-B)^{-1}F$, 且由此有

$$X^{(0)} - X^* = (I-B)^{-1}[(I-B)X^{(0)} - F] = (I-B)^{-1}(X^{(0)} - X^{(1)}).$$

因此

$$\|X^{(0)} - X^*\| \leqslant \|(I-B)^{-1}\|\|X^{(0)} - X^{(1)}\| \leqslant \frac{1}{1-\|B\|}\|X^{(0)} - X^{(1)}\|.$$

将该式代入 (4.8) 即得先验误差估计 (4.6). 由该误差估计及 $\|B\| < 1$ 可知迭代法 (4.2) 是收敛的. 又由 (4.2) 和 (4.3) 有

$$\begin{aligned} X^{(k)} - X^* &= B(X^{(k-1)} - X^*) = B[X^{(k-1)} - (I-B)^{-1}F] \\ &= B(I-B)^{-1}[(I-B)X^{(k-1)} - F] \\ &= B(I-B)^{-1}(X^{(k-1)} - X^{(k)}). \end{aligned}$$

因此

$$\|X^{(k)}-X^*\| \leqslant \|B\|\|(I-B)^{-1}\|\|X^{(k-1)}-X^{(k)}\| \leqslant \frac{\|B\|}{1-\|B\|}\|X^{(k)}-X^{(k-1)}\|. \quad \blacksquare$$

后验误差估计 (4.7) 通常可作为迭代法计算程序的终止准则, 即当用户要求数值解的精度满足: $\|X^{(k)}-X^*\|<\varepsilon$ 时, 我们仅需在计算程序中设置终止准则:

$$\frac{\|B\|}{1-\|B\|}\|X^{(k)}-X^{(k-1)}\|<\varepsilon \quad \text{或} \quad \|X^{(k)}-X^{(k-1)}\|<\varepsilon.$$

定理 4.1 和定理 4.2 是两个针对一般单步迭代法的收敛性判据. 对于相继章节介绍的具体单步迭代法, 我们将导出更加细致的收敛性判据. 求解线性方程组有着多种收敛的迭代算法, 但其计算效率有时存在着较大差异. 评价一个算法计算效率的重要标志是其收敛速度.

对于单步迭代法 (4.2), 由递推关系 (4.5) 有

$$\|X^{(k)}-X^*\| \leqslant \|B^k\|\|X^{(0)}-X^*\|.$$

因此, 人们常常用

$$R_k(B) := -\ln\sqrt[k]{\|B^k\|}$$

来刻画迭代法的**收敛速度**. 特别, 当 B 为对称阵、Hermite 阵或正规阵时, 则有 $\|B^k\|_2=[\rho(B)]^k$, 且因此有 $R_k(B)=-\ln[\rho(B)]$.

对于分别具迭代阵 G, H 的两个迭代法而言, 在迭代过程中 $R_k(G), R_k(H)$ 常常无固定大小之分, 为此人们以

$$R_\infty(B) := \lim_{k\to\infty} R_k(B)$$

来比较二者的收敛速度, 并称之为**渐近收敛速度**.

定理 4.3 设单步迭代法 (4.2) 的迭代阵为 B, 则其渐近收敛速度

$$R_\infty(B) = -\ln[\rho(B)].$$

证明 事实上, 本定理仅需证

$$\lim_{k\to\infty}\sqrt[k]{\|B^k\|}=\rho(B).$$

由 $[\rho(B)]^k=\rho(B^k)\leqslant\|B^k\|$ 得

$$\rho(B)\leqslant\sqrt[k]{\|B^k\|}.$$

另一方面, $\forall\varepsilon>0$, 作矩阵 $B_\varepsilon=\dfrac{1}{\rho(B)+\varepsilon}B$, 其满足

$$\rho(B_\varepsilon)=\frac{\rho(B)}{\rho(B)+\varepsilon}<1.$$

因此, 由定理 1.7 得 $\lim\limits_{k\to\infty}B_\varepsilon^k=0$. 从而, 存在自然数 N, 使当 $k\geqslant N$ 时, $\|B_\varepsilon^k\|<1$, 即 $\|B^k\|<[\rho(B)+\varepsilon]^k$. 至此, 我们已证: $\forall\varepsilon>0$, 存在自然数 N, 使当 $k\geqslant N$ 时,

$$\rho(B)\leqslant\sqrt[k]{\|B^k\|}\leqslant\rho(B)+\varepsilon.$$

故 $\lim\limits_{k\to\infty}\sqrt[k]{\|B^k\|}=\rho(B)$. ■

4.2 Jacobi 迭代法

将线性方程组 (4.1) 的系数阵 A 分解为

$$A=L+D+U,$$

其中 $D=\mathrm{diag}(a_{11},a_{22},\cdots,a_{nn})$,

$$L=\begin{bmatrix}0&0&\cdots&0&0\\a_{21}&0&\cdots&0&0\\a_{31}&a_{32}&\cdots&0&0\\\vdots&\vdots&&\vdots&\vdots\\a_{n1}&a_{n2}&\cdots&a_{n,n-1}&0\end{bmatrix},\quad U=\begin{bmatrix}0&a_{12}&a_{13}&\cdots&a_{1n}\\0&0&a_{23}&\cdots&a_{2n}\\\vdots&\vdots&\ddots&\ddots&\vdots\\0&0&\cdots&0&a_{n-1,n}\\0&0&\cdots&0&0\end{bmatrix}.$$

当对角阵 D 可逆时, 方程组 (4.1) 可等价地写为

$$X=-D^{-1}(L+U)X+D^{-1}b. \tag{4.9}$$

据此得**Jacobi 迭代法**

$$X^{(k+1)}=-D^{-1}(L+U)X^{(k)}+D^{-1}b,\quad k=0,1,\cdots, \tag{4.10}$$

其中 $X^{(k)}=[x_1^{(k)},\ x_2^{(k)},\ \cdots,\ x_n^{(k)}]^{\mathrm T}\in\mathbb{R}^n$. 该迭代法也可写成如下分量形式:

$$x_i^{(k+1)}=\frac{1}{a_{ii}}\left(b_i-\sum_{j=1,j\neq i}^{n}a_{ij}x_j^{(k)}\right),\quad i=1,2,\cdots,n. \tag{4.11}$$

当线性方程组的系数矩阵 A 是具正对角元的对称阵时, 由定理 4.8 有如下简洁的收敛性判据.

定理 4.4 若线性方程组 (4.1) 的系数矩阵 A 是具正对角元的对称阵, 则 Jacobi 迭代法收敛的充要条件是 A 和 $2D-A$ 均正定.

下面, 基于矩阵的对角占优及可约性概念, 我们也可给出 Jacobi 迭代法的简单收敛性判据. 为此, 我们需要引入下列概念及相关预备性结论.

定义 4.1 设矩阵 $A=(a_{ij})\in\mathbb{R}^{n\times n}$, 若其满足

$$|a_{ii}|\geqslant\sum_{j=1,j\neq i}^{n}|a_{ij}|,\quad i=1,2,\cdots,n,$$

则称矩阵 A 是对角占优的; 若上述不等式对所有 i 有严格不等号成立, 则称矩阵 A 是严格对角占优的; 若上述不等式至少对某个 i 有严格不等号成立, 则称矩阵 A 是弱严格对角占优的.

定义 4.2 若存在 n 阶排列阵 P, 使得

$$PAP^{\mathrm{T}}=\begin{bmatrix}A_{11} & 0\\ A_{12} & A_{22}\end{bmatrix},$$

其中 A_{11} 是 $r\ (0<r<n)$ 阶方阵, A_{22} 是 $n-r$ 阶方阵, 则称矩阵 A 是**可约的**; 若不存在这样的排列阵 P, 则称 A 是不可约的; 若矩阵 A 不可约且弱严格对角占优, 则称 A 是不可约对角占优的.

引理 4.1 (参见文献 [1, 2]) 若矩阵 A 严格对角占优或不可约对角占优, 则 A 非奇异. 进一步, 若矩阵 A 是具正对角元的对称阵, 则 A 为正定阵.

基于上述引理, 有下列收敛性判据.

定理 4.5 若线性方程组 (4.1) 的系数矩阵 A 严格对角占优或不可约对角占优, 则 Jacobi 迭代法是收敛的.

证明 由 A 严格对角占优或不可约对角占优有 $|a_{ii}|>0\ (1\leqslant i\leqslant n)$, 因此对角阵 $D=\mathrm{diag}(a_{11},a_{22},\cdots,a_{nn})$ 可逆. 若 Jacobi 迭代阵 $B_J=-D^{-1}(L+U)$ 有特征值 $\tilde{\lambda}$ 满足 $|\tilde{\lambda}|\geqslant 1$, 则由 A 严格对角占优或不可约对角占优可推得 $\tilde{\lambda}D+L+U$ 也严格对角占优或不可约对角占优, 从而根据引理 4.1 有

$$\det(\tilde{\lambda}I-B_J)=\det[\tilde{\lambda}I+D^{-1}(L+U)]=\det(D^{-1})\det(\tilde{\lambda}D+L+U)\neq 0.$$

因此 Jacobi 迭代阵的谱半径 $\rho(B_J)<1$. 故由定理 4.1, Jacobi 迭代法是收敛的. ■

例 4.1 试利用 Jacobi 迭代法求解方程组

$$\begin{bmatrix}5 & -1 & -1 & -1\\ -1 & 10 & -1 & -1\\ -1 & -1 & 5 & -1\\ -1 & -1 & -1 & 10\end{bmatrix}\begin{bmatrix}x_1\\ x_2\\ x_3\\ x_4\end{bmatrix}=\begin{bmatrix}-4\\ 12\\ 8\\ 34\end{bmatrix},\tag{4.12}$$

并使数值解 $X^{(k)}$ 满足精度要求: $\|X - X^{(k)}\|_2 \leqslant 10^{-4}$, 其中 $X = [1,\ 2,\ 3,\ 4]^{\mathrm{T}}$ 为方程组的精确解.

解 经计算, Jacobi 迭代法关于方程组 (4.12) 的迭代阵为

$$B_J := -D^{-1}(L+U) = \begin{bmatrix} 0 & 0.2000 & 0.2000 & 0.2000 \\ 0.1000 & 0 & 0.1000 & 0.1000 \\ 0.2000 & 0.2000 & 0 & 0.2000 \\ 0.1000 & 0.1000 & 0.1000 & 0 \end{bmatrix},$$

其具实特征值 $\lambda = 0.4372,\ -0.2000,\ -0.1372,\ -0.1000$ 且 $\rho(B_J) = 0.4372 < 1$. 因此, 根据定理 4.1, Jacobi 迭代法关于方程组 (4.12) 是收敛的. 自 $X^{(0)} = 0$ 开始, 应用 Jacobi 迭代法 (4.10) 计算其方程组, 经 14 次迭代后可得数值解

$$X^{(14)} = [1.0000,\ 2.0000,\ 3.0000,\ 4.0000]^{\mathrm{T}},$$

其计算精度 $\|X - X^{(14)}\|_2 = 5.0060 \times 10^{-5} < 10^{-4}$. ■

4.3 Gauss-Seidel 迭代法

方程组 (4.1) 也可等价地写为

$$DX = -LX - UX + b. \tag{4.13}$$

若记 $X^{(k)} = [x_1^{(k)},\ x_2^{(k)},\ \cdots,\ x_n^{(k)}]^{\mathrm{T}} \in \mathbb{R}^n$, 则由上式可构造迭代格式

$$DX^{(k+1)} = -LX^{(k+1)} - UX^{(k)} + b, \quad k = 0, 1, 2, \cdots.$$

当对角阵 D 可逆时, 上式等价于

$$X^{(k+1)} = -(D+L)^{-1}UX^{(k)} + (D+L)^{-1}b. \tag{4.14}$$

此即为**Gauss-Seidel 迭代法**, 其分量形式为

$$x_i^{(k+1)} = \frac{1}{a_{ii}}\left(b_i - \sum_{j=1}^{i-1} a_{ij}x_j^{(k+1)} - \sum_{j=i+1}^{n} a_{ij}x_j^{(k)}\right), \quad i = 1, 2, \cdots, n. \tag{4.15}$$

例 4.2 试利用 Gauss-Seidel 迭代法求解方程组 (4.12), 并使数值解 $X^{(k)}$ 满足精度要求: $\|X - X^{(k)}\|_2 \leqslant 10^{-4}$, 其中 $X = [1,\ 2,\ 3,\ 4]^{\mathrm{T}}$ 为方程组的精确解.

解 经计算, Gauss-Seidel 迭代法关于方程组 (4.12) 的迭代阵

$$B_{\mathrm{GS}} := -(D+L)^{-1}U = \begin{bmatrix} 0 & 0.2000 & 0.2000 & 0.2000 \\ 0 & 0.0200 & 0.1200 & 0.1200 \\ 0 & 0.0440 & 0.0640 & 0.2640 \\ 0 & 0.0264 & 0.0384 & 0.0584 \end{bmatrix},$$

其谱半径 $\rho(B_{\mathrm{GS}}) = 0.2104 < 1$. 因此, 根据定理 4.1, Gauss-Seidel 迭代公式关于方程组 (4.12) 是收敛的. 自 $X^{(0)} = 0$ 开始, 应用 Gauss-Seidel 迭代公式 (4.14) 计算其方程组, 经 8 次迭代后可得数值解

$$X^{(8)} = [1.0000,\ 2.0000,\ 3.0000,\ 4.0000]^{\mathrm{T}},$$

且其满足计算精度 $\|X - X^{(8)}\|_2 = 5.3700 \times 10^{-5} < 10^{-4}$. ■

由定理 4.11 和定理 4.12 可直节获得 Gauss-Seidel 迭代法的如下收敛性判定准则.

定理 4.6 若线性方程组 (4.1) 的系数矩阵 A 为实对称正定阵, 则 Gauss-Seidel 迭代法是收敛的.

定理 4.7 若线性方程组 (4.1) 的系数矩阵 A 严格对角占优或不可约对角占优, 则 Gauss-Seidel 迭代法是收敛的.

4.4 JOR 迭代法

逐次超松弛迭代 (successive overrelaxation iteration) 是加速经典迭代格式收敛速度的一种技术, 其通过引入适当的松弛因子, 使得改进的迭代格式具有较快的收敛速度. 本节以改进的 Jacobi 迭代法为例来阐明这种加速收敛技术.

在矩阵 D 可逆条件下, Jacobi 迭代公式有下列等价形式

$$X^{(k+1)} = X^{(k)} - D^{-1}(AX^{(k)} - b).$$

今在上式右端引入松弛因子 $\omega > 0$, 则得

$$X^{(k+1)} = X^{(k)} - \omega D^{-1}(AX^{(k)} - b),$$

即

$$X^{(k+1)} = (I - \omega D^{-1}A)X^{(k)} + \omega D^{-1}b. \tag{4.16}$$

方法 (4.16) 被称为**JOR 迭代法**, 其有分量形式

$$x_i^{(k+1)} = x_i^{(k)} + \frac{\omega}{a_{ii}}\left(b_i - \sum_{j=1}^{n} a_{ij}x_j^{(k)}\right), \quad i = 1, 2, \cdots, n. \tag{4.17}$$

当 $\omega=1$ 时, JOR 迭代法即为 Jacobi 迭代法.

理论分析表明 (参见文献 [3]): 当 Jacobi 迭代法的迭代阵 B_J 的特征值为实数, 且 B_J 的谱半径 $\rho(B_J)<1$ 时, JOR 迭代法有最佳松弛因子

$$\omega_{\text{opt}}=\frac{2}{2-\lambda_{\max}^{B_J}-\lambda_{\min}^{B_J}},$$

其中 $\lambda_{\max}^{B_J}$, $\lambda_{\min}^{B_J}$ 分别表示 Jacobi 迭代阵 $B_J:=-D^{-1}(L+U)$ 的最大和最小特征值. 此外, 当 $\lambda_{\min}^{B_J}\neq-\lambda_{\max}^{B_J}$ 时, JOR 迭代法的收敛速度比相应 Jacobi 迭代法的收敛速度快.

例 4.3 试采用最佳松弛因子 ω_{opt} 构造一类 JOR 迭代法求解方程组 (4.12), 并使数值解 $X^{(k)}$ 满足精度要求: $\|X-X^{(k)}\|_2\leqslant 10^{-4}$, 其中 $X=[1,\ 2,\ 3,\ 4]^{\mathrm{T}}$ 为方程组的精确解.

解 由于 Jacobi 迭代公式关于方程组 (4.12) 的迭代阵有实特征值, 且其谱半径 $\rho(B_J)=0.4372<1$, 所以 JOR 迭代法关于方程组 (4.12) 具最佳松弛因子:

$$\omega_{\text{opt}}=\frac{2}{2-\lambda_{\min}^{B_J}-\lambda_{\max}^{B_J}}\approx 1.1346,$$

且相应 JOR 迭代阵

$$B_{\text{JOR}}:=I-\omega D^{-1}A\approx\begin{bmatrix}-0.1346 & 0.2269 & 0.2269 & 0.2269\\ 0.1135 & -0.1346 & 0.1135 & 0.1135\\ 0.2269 & 0.2269 & -0.1346 & 0.2269\\ 0.1135 & 0.1135 & 0.1135 & -0.1346\end{bmatrix}.$$

经计算, 迭代阵的谱半径 $\rho(B_{\text{JOR}})\approx 0.3615<1$. 由此可知, JOR 迭代法关于方程组 (4.12) 是收敛的. 自 $X^{(0)}=0$ 开始, 应用 JOR 迭代法 (4.16) 计算其方程组, 经 11 次迭代后可得数值解 $X^{(11)}=[0.9999,\ 2.0000,\ 3.0000,\ 4.0000]^{\mathrm{T}}$, 且其满足

$$\|X-X^{(11)}\|_2=7.7392\times 10^{-5}<10^{-4}.\ \blacksquare$$

由上例可见, JOR 迭代法加快了 Jacobi 迭代法的收敛速度. 此外, JOR 迭代法具有如下收敛性准则.

定理 4.8 若线性方程组 (4.1) 的系数矩阵 A 是具正对角元的对称阵, 则 JOR 迭代法收敛的充要条件是 A 和 $2\omega^{-1}D-A$ 均正定.

证明 由于 A 是具正对角元的对称阵, 则 JOR 迭代阵

$$B_{\text{JOR}}=I-\omega D^{-1}A=D^{-\frac{1}{2}}(I-\omega D^{-\frac{1}{2}}AD^{-\frac{1}{2}})D^{\frac{1}{2}}.$$

因此, B_{JOR} 与 $I-\omega D^{-\frac{1}{2}}AD^{-\frac{1}{2}}$ 相似, 且二者有相同特征值. 又由于 $I-\omega D^{-\frac{1}{2}}AD^{-\frac{1}{2}}$ 为对称阵, 则其特征值是实数.

必要性证明: 若 JOR 迭代法收敛, 则 $\rho(B_{\text{JOR}}) < 1$, 且因此阵 $I - \omega D^{-\frac{1}{2}} A D^{-\frac{1}{2}}$ 的全体特征值的绝对值均小于 1. 从而 $\omega D^{-\frac{1}{2}} A D^{-\frac{1}{2}}$ 的特征值在 $(0,2)$ 内, 此即表明该矩阵是正定的, 因而 A 是正定阵. 类似可证 $2I - \omega D^{-\frac{1}{2}} A D^{-\frac{1}{2}}$ 正定, 且有

$$\omega D^{-\frac{1}{2}}(2\omega^{-1}D - A)D^{-\frac{1}{2}} = 2I - \omega D^{-\frac{1}{2}} A D^{-\frac{1}{2}}.$$

因此 $2\omega^{-1}D - A$ 正定.

充分性证明: 因为

$$D^{\frac{1}{2}}(I - B_{\text{JOR}})D^{-\frac{1}{2}} = \omega D^{-\frac{1}{2}} A D^{-\frac{1}{2}},$$

则由 A 正定推出 $I - B_{\text{JOR}}$ 的特征值均大于 0, 即 B_{JOR} 的特征值均小于 1. 又由于 $2\omega^{-1}D - A$ 正定, 且

$$\omega D^{-\frac{1}{2}}(2\omega^{-1}D - A)D^{-\frac{1}{2}} = D^{\frac{1}{2}}(I + B_{\text{JOR}})D^{-\frac{1}{2}},$$

则可推得 $I+B_{\text{JOR}}$ 的特征值全大于 0, 即 B_{JOR} 的特征值均大于 -1. 故 $\rho(B_{\text{JOR}})<1$, 从而 JOR 迭代法收敛. ■

定理 4.9 若 Jacobi 迭代法关于线性方程组 (4.1) 收敛, 则松弛因子 $\omega \in (0,1]$ 的 JOR 迭代法是收敛的.

证明 设 λ 是 JOR 迭代阵 B_{JOR} 的任一特征值, E 为相应特征向量, 则有

$$\lambda E = B_{\text{JOR}}E = [I - \omega(I - B_J)]E.$$

由此得 $B_J E = \dfrac{1}{\omega}(\lambda - 1 + \omega)E$, 此表明 $\dfrac{1}{\omega}(\lambda - 1 + \omega)$ 为 B_J 的特征值. 由 Jacobi 迭代法收敛有

$$\left|\frac{1}{\omega}(\lambda - 1 + \omega)\right| < 1.$$

根据此

$$|\lambda| - |1 - \omega| \leqslant |\lambda - 1 + \omega| < |\omega|,$$

且由此及 $0 < \omega \leqslant 1$ 得

$$|\lambda| < |1 - \omega| + |\omega| = 1.$$

故 JOR 迭代法收敛. ■

综合定理 4.5 和定理 4.9, 可进一步获得以下收敛性准则.

定理 4.10 若线性方程组 (4.1) 的系数矩阵 A 严格对角占优或不可约对角占优, 则松弛因子 $\omega \in (0,1]$ 的 JOR 迭代法是收敛的.

4.5 SOR 迭代法

下面, 将 Gauss-Seidel 迭代法改造为一类逐次超松弛迭代格式. Gauss-Seidel 迭代法有下列等价形式

$$DX^{(k+1)} = DX^{(k)} + [b - LX^{(k+1)} - (D+U)X^{(k)}].$$

今在上式右端引入松弛因子 $\omega > 0$, 则得

$$DX^{(k+1)} = DX^{(k)} + \omega[b - LX^{(k+1)} - (D+U)X^{(k)}],$$

即

$$(D+\omega L)X^{(k+1)} = [(1-\omega)D - \omega U]X^{(k)} + \omega b.$$

若矩阵 D 可逆, 则有

$$X^{(k+1)} = (D+\omega L)^{-1}\{[(1-\omega)D - \omega U]X^{(k)} + \omega b\}. \tag{4.18}$$

该方法被称为**SOR 迭代法**, 其分量形式为

$$x_i^{(k+1)} = x_i^{(k)} + \frac{\omega}{a_{ii}}\left(b_i - \sum_{j=1}^{i-1} a_{ij}x_j^{(k+1)} - \sum_{j=i}^{n} a_{ij}x_j^{(k)}\right), \quad i = 1, 2, \cdots, n. \tag{4.19}$$

当 $\omega = 1$ 时, SOR 迭代法即为 Gauss-Seidel 迭代法.

理论分析表明 (参见文献 [3, 12]): SOR 迭代法收敛的必要条件是 $0 < \omega < 2$. 特别, 当 Jacobi 迭代法的迭代阵 B_J 的特征值为实数且其谱半径 $\rho(B_J) < 1$ 时, SOR 迭代法有最佳松弛因子

$$\omega_{\text{opt}} = \frac{2}{1 + \sqrt{1 - \rho^2[-D^{-1}(L+U)]}}.$$

例 4.4　试采用最佳松弛因子 ω_{opt} 构造一类 SOR 迭代法求解方程组 (4.12), 并使数值解 $X^{(k)}$ 满足精度要求: $\|X - X^{(k)}\|_2 \leqslant 10^{-4}$, 其中 $X = [1,\ 2,\ 3,\ 4]^{\mathrm{T}}$ 为方程组的精确解.

解　由前已知: Jacobi 迭代法关于方程组 (4.12) 的迭代阵有实特征值, 且其谱半径 $\rho(B_J) \approx 0.4372 < 1$. 因此, SOR 迭代法关于方程组 (4.12) 有最佳松弛因子:

$$\omega_{\text{opt}} = \frac{2}{1 + \sqrt{1 - \rho^2[-D^{-1}(L+U)]}} \approx 1.0530.$$

经计算, 具上述最佳松弛因子的 SOR 迭代阵

$$B_{\mathrm{SOR}} := (D+\omega L)^{-1}[(1-\omega)D-\omega U]$$
$$= \begin{bmatrix} -0.0530 & 0.2106 & 0.2106 & 0.2106 \\ -0.0056 & -0.0308 & 0.1275 & 0.1275 \\ -0.0123 & 0.0379 & 0.0182 & 0.2818 \\ -0.0075 & 0.0229 & 0.0375 & 0.0123 \end{bmatrix},$$

其谱半径 $\rho(B_{\mathrm{SOR}}) = 0.1229 < 1$. 因此, 此时 SOR 迭代法关于方程组 (4.12) 是收敛的. 自 $X^{(0)} = 0$ 开始, 应用该 SOR 迭代法于方程组, 经 6 次迭代后可得数值解 $X^{(6)} = [0.9999,\ 2.0000,\ 3.0000,\ 4.0000]^{\mathrm{T}}$, 且其计算精度满足

$$\|X - X^{(6)}\|_2 = 8.2483 \times 10^{-5} < 10^{-4}. \quad \blacksquare$$

由上例可见, SOR 迭代法加快了 Gauss-Seidel 迭代法的收敛速度. 对于系数阵为对称正定阵、严格对角占优阵或不可约对角占优阵的线性方程组, 其 SOR 迭代法有下列更细致的收敛性定理.

定理 4.11 若线性方程组 (4.1) 的系数矩阵 A 为实对称正定阵, 则松弛因子 $\omega \in (0,2)$ 的 SOR 迭代法是收敛的.

证明 设 λ 为迭代阵 B_{SOR} 的任一特征值, E 为相应的特征向量, 则有

$$(D+\omega L)^{-1}[(1-\omega)D-\omega U]E = \lambda E.$$

由此得

$$E^{\mathrm{H}}[(1-\omega)D-\omega L^{\mathrm{T}}]E = \lambda E^{\mathrm{H}}(D+\omega L)E,$$

其中 E^{H} 为 E 的共轭转置. 今记 $E^{\mathrm{H}}DE = \delta$, $E^{\mathrm{H}}LE = \alpha + \mathrm{i}\beta$ $(\mathrm{i} = \sqrt{-1})$, 则有

$$(1-\omega)\delta - \omega(\alpha - \mathrm{i}\beta) = \lambda[\delta + \omega(\alpha + \mathrm{i}\beta)].$$

两端取模的平方得

$$|\lambda|^2 = \frac{[(1-\omega)\delta - \omega\alpha]^2 + (\omega\beta)^2}{(\delta+\omega\alpha)^2 + (\omega\beta)^2}.$$

而

$$d := [(1-\omega)\delta - \omega\alpha]^2 + (\omega\beta)^2 - (\delta+\omega\alpha)^2 - (\omega\beta)^2 = \omega\delta(\delta+2\alpha)(\omega-2),$$

且由 A 正定有 $\delta > 0$ 及 $\delta + 2\alpha > 0$. 因此, 由 $\omega \in (0,2)$ 得 $d < 0$, 且 $|\lambda| < 1$. 故松弛因子 $\omega \in (0,2)$ 的 SOR 迭代法收敛. ■

定理 4.12 若线性方程组 (4.1) 的系数矩阵 A 严格对角占优或不可约对角占优, 则松弛因子 $\omega \in (0,1]$ 的 SOR 迭代法是收敛的.

证明 若 SOR 迭代法的迭代阵

$$B_{\mathrm{SOR}} = (D+\omega L)^{-1}[(1-\omega)D-\omega U], \quad \omega \in (0,1]$$

有特征值 $\tilde{\lambda}$ 满足 $|\tilde{\lambda}| \geqslant 1$, 则由 A 严格对角占优或不可约对角占优可推得 $(\tilde{\lambda}-1+\omega)D+\omega(\tilde{\lambda}L+U)$ 也严格对角占优或不可约对角占优, 从而

$$\begin{aligned}\det[\tilde{\lambda}I-B_{\text{SOR}}] &= \det[\tilde{\lambda}I-(D+\omega L)^{-1}((1-\omega)D-\omega U)] \\ &= \det[(D+\omega L)^{-1}]\det[(\tilde{\lambda}-1+\omega)D+\omega(\tilde{\lambda}L+U)] \neq 0.\end{aligned}$$

因此 SOR 迭代阵的谱半径 $\rho(B_{\text{SOR}})<1$. 故由定理 4.1, SOR 迭代法是收敛的. ■

习　题　4

4.1　设 $B\in\mathbb{R}^{n\times n}$ 的谱半径 $\rho(B)=0$. 证明：对任意给定的 X_0, $G\in\mathbb{R}^n$, 迭代格式

$$X^{k+1}=BX^k+G,\quad k=1,2,\cdots$$

最多迭代 n 次即可获得方程组 $(I-B)X=G$ 的精确解.

4.2　设存在对称正定阵 P 及矩阵 B 使得矩阵 $Q:=P-B^{\mathrm{T}}PB$ 对称正定. 试证: 迭代格式

$$X^{k+1}=BX^k+G,\quad k=1,2,\cdots$$

收敛.

4.3　设线性方程组 $AX=b$ 的实系数矩阵为

$$A=\begin{bmatrix}1 & a & a\\ a & 1 & a\\ a & a & 1\end{bmatrix}.$$

证明：当 $|a|<\dfrac{1}{2}$ 时, 求解该方程组的 Jacobi 迭代法收敛; 当 $-\dfrac{1}{2}<a<1$ 时, 求解该方程组的 Gauss-Seidel 迭代法收敛.

4.4　设线性方程组 $AX=b$ 的系数阵 A 为具正对角元的对称矩阵, 且求解该方程组的 Gauss-Seidel 迭代法是收敛的. 证明: 系数矩阵 A 是正定的.

4.5　设矩阵 $A=(a_{ij})\in\mathbb{R}^{n\times n}$ 是对角占优的, 试证明下列不等式成立：

$$\prod_{i=1}^{n}\left(|a_{ii}|-\sum_{j=1,j\neq i}^{n}|a_{ij}|\right)\leqslant|\det(A)|\leqslant\prod_{i=1}^{n}\left(|a_{ii}|+\sum_{j=1,j\neq i}^{n}|a_{ij}|\right).$$

4.6　设 $B_J=(b_{ij})\in\mathbb{R}^{n\times n}$ 是 Jacobi 迭代法的迭代矩阵, 其满足 $\|B_J\|_\infty<1$. 证明: $\|B_{\text{GS}}\|_\infty<1$, 且 Gauss-Seidel 迭代法有如下误差估计

$$\|X^{(k)}-X^*\|_\infty\leqslant\frac{\mu^k}{1-\mu}\|X^{(1)}-X^{(0)}\|_\infty,$$

其中

$$\mu=\max_{1\leqslant i\leqslant n}\left\{\frac{\sum\limits_{j=i+1}^{n}|b_{ij}|}{1-\sum\limits_{j=1}^{i-1}|b_{ij}|}\right\}.$$

4.7 设 $B_J=(b_{ij})\in\mathbb{R}^{n\times n}$ 是 Jacobi 迭代法的迭代矩阵, 其满足 $\|B_J\|_1<1$. 证明: $\rho(B_{\mathrm{GS}})<1$, 且 Gauss-Seidel 迭代法有如下误差估计

$$\|X^{(k)}-X^*\|_1\leqslant\frac{\alpha^k}{(1-\alpha)(1-\beta)}\|X^{(1)}-X^{(0)}\|_1,$$

其中

$$\alpha=\max_{1\leqslant j\leqslant n}\left\{\frac{\sum\limits_{i=1}^{j-1}|b_{ij}|}{1-\sum\limits_{i=j+1}^{n}|b_{ij}|}\right\},\quad \beta=\max_{1\leqslant j\leqslant n}\sum_{i=j+1}^{n}|b_{ij}|.$$

4.8 证明: 若 Jacobi 迭代法的迭代阵 $B_J:=-D^{-1}(L+U)$ 的特征值为实数, 且其谱半径 $\rho(B_J)<1$, 则 JOR 迭代法有最佳松弛因子

$$\omega_{\mathrm{opt}}=\frac{2}{2-\lambda_{\max}^{B_J}-\lambda_{\min}^{B_J}},$$

其使得 JOR 迭代阵的谱半径

$$\rho(I-\omega_{\mathrm{opt}}D^{-1}A)=\frac{\lambda_{\max}^{B_J}-\lambda_{\min}^{B_J}}{2-\lambda_{\max}^{B_J}-\lambda_{\min}^{B_J}},$$

其中 $\lambda_{\max}^{B_J}$, $\lambda_{\min}^{B_J}$ 分别表示最大和最小特征值. 此外, 当 $\lambda_{\min}^{B_J}\neq-\lambda_{\max}^{B_J}$ 时, JOR 迭代法的收敛速度比相应 Jacobi 迭代法的收敛速度快.

4.9 证明: SOR 迭代法收敛的必要条件是 $\omega\in(0,2)$.

4.10 (实验题) 给定线性方程组

$$\begin{cases}x_1+2x_2+3x_3+4x_4+5x_5=55,\\-2x_1+3x_2+4x_3+5x_4+6x_5=66,\\-3x_1-4x_2+5x_3+6x_4+7x_5=63,\\-4x_1-5x_2-6x_3+7x_4+8x_5=36,\\-5x_1-6x_2-7x_3-8x_4+9x_5=-25.\end{cases}$$

试以 $\|X^{(k+1)}-X^{(k)}\|_\infty<10^{-5}$ 作为终止准则, 分别利用 Jacobi 迭代法、Gauss-Seidel 迭代法及具最佳松弛因子的 JOR 迭代法和 SOR 迭代法求解该方程组, 并比较这些方法的计算精度和计算时间.

第 5 章　Krylov 子空间方法

设有求解线性方程组

$$AX = b, \quad \text{其中 } A = (a_{ij}) \in \mathbb{R}^{n\times n} \text{ 可逆} \tag{5.1}$$

的某迭代法, 其初始迭代向量为 X_0, 如记残差 $r_0 = b - AX_0$, 则由向量 $r_0, Ar_0, \cdots,$ $A^k r_0$ 所张成的线性空间

$$\mathcal{K}(A, r_0, k+1) = \mathrm{Span}\{r_0, Ar_0, \cdots, A^k r_0\}$$

称为 **Krylov 子空间**. 基于该空间, 人们已经构造了多种求解线性方程组 (5.1) 的迭代方法, 其中有共轭梯度法、预优共轭梯度法、残量极小化方法、残量正交化方法等. 这些方法被统称为 **Krylov 子空间方法**, 其对求解大型稀疏方程组尤为有效. 本节将主要介绍最速下降法、共轭梯度法及预优共轭梯度法.

5.1　最速下降法

为引入共轭梯度法, 首先介绍最速下降法. 考虑线性方程组 (5.1), 设其系数阵为对称正定阵. 今引入二次泛函

$$\varPhi(X) = X^{\mathrm{T}}AX - 2b^{\mathrm{T}}X, \quad X = [x_1,\ x_2,\ \cdots,\ x_n]^{\mathrm{T}} \in \mathbb{R}^n. \tag{5.2}$$

该二次泛函使得线性方程组的求解问题可转化为最优化问题.

定理 5.1　设 A 为对称正定阵, 则 X^* 为方程组 (5.1) 的解当且仅当 X^* 为二次泛函 $\varPhi(X)$ 的极小点.

证明　直接计算可得

$$\frac{\partial \varPhi}{\partial x_i} = 2\left(\sum_{j=1}^{n} a_{ij}x_j - b_i\right), \quad i = 1, 2, \cdots, n.$$

记 $r = b - AX$, 则 $\varPhi(X)$ 的梯度

$$\nabla\varPhi(X) = 2(AX - b) = -2r.$$

若 $\varPhi(X)$ 在某点 X^* 达到极小值, 则必有 $\nabla\varPhi(X^*) = 0$, 即 $AX^* = b$, 从而 X^* 是方程组 (5.1) 的解.

反之, 若 X^* 是方程组 (5.1) 的解, 则 $\forall Y \in \mathbb{R}^n$ 有

$$\Phi(X^*+Y) = \Phi(X^*) + Y^{\mathrm{T}}AY \geqslant \Phi(X^*),$$

故 X^* 为二次泛函 $\Phi(X)$ 的极小点. ■

定理 5.1 表明, 线性方程组的求解问题可转化为求二次泛函 $\Phi(X)$ 的极小点问题. 该极小点问题可采用**"盲人下山法"**解决, 其具体步骤如下:

Step 1 任给初始点 X_0, 确定一个下山方向 P_0, 沿着过 X_0 而方向为 P_0 的直线: $X = X_0 + \alpha P_0$ 找一个点 $X_1 = X_0 + \alpha_0 P_0$, 使得

$$\Phi(X_1) \leqslant \Phi(X_0 + \alpha P_0), \quad \forall \alpha \in \mathbb{R};$$

Step 2 以 X_1 作为新的出发点, 确定一个下山方向 P_1, 沿着直线: $X = X_1 + \alpha P_1$ 找一个点 $X_2 = X_1 + \alpha_1 P_1$, 使得

$$\Phi(X_2) \leqslant \Phi(X_1 + \alpha P_1), \quad \forall \alpha \in \mathbb{R};$$

Step 3 重复上述步骤, 则可获得步长序列 $\{\alpha_k\}$ 及搜索方向向量序列 $\{P_k\}$, 其满足

$$\begin{cases} X_{k+1} = X_k + \alpha_k P_k, \quad X_0\text{给定}, \\ \Phi(X_{k+1}) \leqslant \Phi(X_k + \alpha P_k), \quad \forall \alpha \in \mathbb{R}. \end{cases} \tag{5.3}$$

上述算法中, 步长序列 $\{\alpha_k\}$ 及搜索方向向量序列 $\{P_k\}$ 可确定如下:

为确定步长序列 $\{\alpha_k\}$, 令 $f(\alpha) = \Phi(X_k + \alpha P_k)$, 即

$$f(\alpha) = \alpha^2 P_k^{\mathrm{T}} A P_k - 2\alpha r_k^{\mathrm{T}} P_k + \Phi(X_k), \quad \text{其中 } r_k = b - AX_k.$$

由微分学理论可知

$$f'(\alpha) = 2\alpha P_k^{\mathrm{T}} A P_k - 2 r_k^{\mathrm{T}} P_k = 0,$$

从而

$$\alpha_k = \frac{r_k^{\mathrm{T}} P_k}{P_k^{\mathrm{T}} A P_k}, \tag{5.4}$$

且当 $r_k^{\mathrm{T}} P_k \neq 0$ 时, 有

$$\Phi(X_{k+1}) - \Phi(X_k) = \alpha_k^2 P_k^{\mathrm{T}} A P_k - 2\alpha_k r_k^{\mathrm{T}} P_k = -\frac{(r_k^{\mathrm{T}} P_k)^2}{P_k^{\mathrm{T}} A P_k} < 0,$$

即 $\Phi(X_{k+1}) < \Phi(X_k)$. 又由于一个函数的梯度方向是其函数值增长最快的方向, 所以可取

$$P_k = -\frac{1}{2}\nabla \Phi(X_k) = r_k. \tag{5.5}$$

至此, 我们获得了一个系数阵为对称正定阵的线性方程组的求解方法, 称之为**最速下降法**. 该算法的计算程序如下:

算法 5.1　最速下降法

```
function X=sdescent(A,b)
 n=length(b); X0=zeros(n,1); r0=b-A*X0; k=0;
 while norm(r0)>=10^(-12)
   k=k+1; alpha0=r0'*r0/(r0'*A*r0);
   X1=X0+alpha0*r0; r0=b-A*X1; X0=X1;
 end
X=X0
```

例 5.1　试应用最速下降法求解线性方程组

$$\begin{bmatrix} 4 & -2 & 4 & 2 \\ -2 & 10 & -2 & -7 \\ 4 & -2 & 8 & 4 \\ 2 & -7 & 4 & 7 \end{bmatrix} \begin{bmatrix} x_1 \\ x_2 \\ x_3 \\ x_4 \end{bmatrix} = \begin{bmatrix} 8 \\ 2 \\ 16 \\ 6 \end{bmatrix},$$

要求其数值解 X_k 的精度满足 $\|b - AX_k\|_2 \leqslant 10^{-12}$.

解　应用算法 5.1, 迭代 520 步后可得其满足精度的解

$$X = [x_1,\ x_2,\ x_3,\ x_4]^{\mathrm{T}} = [1.0000,\ 2.0000,\ 1.0000,\ 2.0000]^{\mathrm{T}}. \quad ■$$

为获得最速下降法的收敛性估计, 引入如下引理.

引理 5.1　设正定阵 A 有特征值 $0 < \lambda_1 \leqslant \lambda_2 \leqslant \cdots \leqslant \lambda_n$, $P(t)$ 为实系数多项式, 则

$$\|P(A)X\|_A \leqslant \max_{1\leqslant i\leqslant n} |P(\lambda_i)|\|X\|_A, \quad \forall X \in \mathbb{R}^n,$$

其中 $\|X\|_A = \sqrt{X^{\mathrm{T}}AX}$.

证明　设 $\{y_i\}_{i=1}^n$ 是 A 的一组线性无关的标准正交化特征向量, 其中 y_i 从属于特征值 λ_i. 从而 $\forall X \in \mathbb{R}^n$ 有 $X = \sum_{i=1}^{n} \beta_i y_i$, 且

$$\begin{aligned}\|P(A)X\|_A^2 &= X^{\mathrm{T}}P(A)AP(A)X = [P(A)X]^{\mathrm{T}}A[P(A)X]\\&=\left[\sum_{i=1}^n \beta_i P(A)y_i\right]^{\mathrm{T}} A\left[\sum_{j=1}^n \beta_j P(A)y_j\right]\\&=\left[\sum_{i=1}^n \beta_i P(\lambda_i)y_i\right]^{\mathrm{T}} A\left[\sum_{j=1}^n \beta_j P(\lambda_j)y_j\right]\\&=\sum_{i=1}^n\sum_{j=1}^n \lambda_j\beta_i\beta_j P(\lambda_i)P(\lambda_j)y_i^{\mathrm{T}}y_j\\&=\sum_{j=1}^n \lambda_j\beta_j^2P^2(\lambda_j) \leqslant \max_{1\leqslant i\leqslant n}|P(\lambda_i)|^2\sum_{j=1}^n\lambda_j\beta_j^2\\&=\max_{1\leqslant i\leqslant n}|P(\lambda_i)|^2(X^{\mathrm{T}}AX) = \max_{1\leqslant i\leqslant n}|P(\lambda_i)|\|X\|_A^2.\end{aligned}$$

故结论成立. ■

定理 5.2 设方程组 (5.1) 的系数阵 A 为对称正定阵, 其有特征值

$$0 < \lambda_1 \leqslant \lambda_2 \leqslant \cdots \leqslant \lambda_n,$$

则由最速下降法产生的迭代序列 $\{X_k\}$ 收敛于其方程组的精确解 X^*, 且满足

$$\|X_k - X^*\|_A \leqslant \left(\frac{\lambda_n-\lambda_1}{\lambda_n+\lambda_1}\right)^k \|X_0 - X^*\|_A.$$

证明 由于 $\varPhi(X_k) \leqslant \varPhi(X_{k-1}+\alpha r_{k-1})$ $(\forall\alpha\in\mathbb{R})$ 及

$$\varPhi(X) + (X^*)^{\mathrm{T}}AX^* = (X-X^*)^{\mathrm{T}}A(X-X^*), \tag{5.6}$$

则

$$\begin{aligned}&(X_k - X^*)^{\mathrm{T}}A(X_k-X^*)\\\leqslant&(X_{k-1}+\alpha r_{k-1}-X^*)^{\mathrm{T}}A(X_{k-1}+\alpha r_{k-1}-X^*)\\=&[(I-\alpha A)(X_{k-1}-X^*)]^{\mathrm{T}}A[(I-\alpha A)(X_{k-1}-X^*)],\quad \forall\alpha\in\mathbb{R}.\end{aligned}$$

记 $P_\alpha(t) = 1-\alpha t$, 则由上式及引理 5.1 得

$$\|X_k - X^*\|_A \leqslant \|P_\alpha(A)(X_{k-1}-X^*)\|_A \leqslant \max_{1\leqslant i\leqslant n}|P_\alpha(\lambda_i)|\|X_{k-1}-X^*\|_A.$$

在上式中取 $\alpha = 2/(\lambda_1+\lambda_n)$, 并由此递推即得结论. ■

由此可见, 最速下降法的收敛速度主要取决于比值 $(\lambda_n-\lambda_1)/(\lambda_n+\lambda_1)$ 及初始向量 X_0 的选取. 当 $\lambda_n \gg \lambda_1$ 或初始向量 X_0 选取不恰当时, 最速下降法的收敛速度将非常缓慢. 因此, 该方法不适宜应用于病态方程.

5.2 基本共轭梯度法

为改进最速下降法, 本节引入共轭梯度法. 我们注意到最速下降法所取的下山方向是负梯度方向, 其就局部而言是最佳的, 但从全局而言则不一定是最佳的. 下述计算过程给出全局最佳下山方向:

Step 1 给定初始向量 X_0, 第一步仍取负梯度方向为下山方向, 即有

$$P_0 = r_0, \quad \alpha_0 = \frac{r_0^{\mathrm{T}} r_0}{P_0^{\mathrm{T}} A P_0}, \quad X_1 = X_0 + \alpha_0 P_0, \quad r_1 = b - AX_1;$$

Step 2 第 $k+1$ 步 $(k \geqslant 1)$ 不再取 $r_k := b - AX_k$ 作为下山方向, 而是先作过点 X_k 且由向量 r_k, P_{k-1} 张成的超平面 (图 5.1)

$$\pi : X = X_k + \xi r_k + \eta P_{k-1}, \quad \xi, \eta \in \mathbb{R},$$

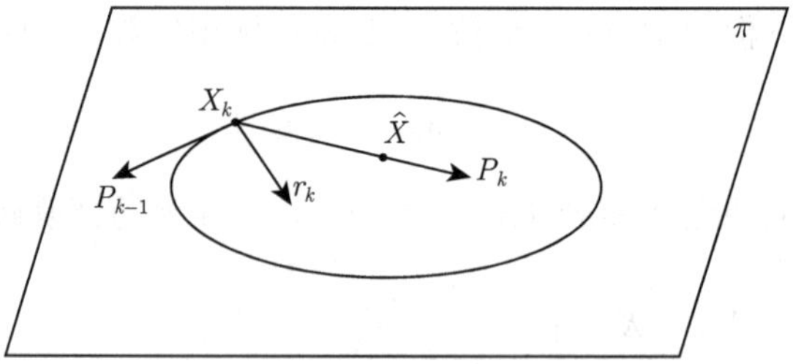

图 5.1 超平面 π

在该超平面上找出 $\Phi(X)$ 递减最快的方向 P_k. 记 $\Psi(\xi,\eta) = \Phi(X_k + \xi r_k + \eta P_{k-1})$, 并令

$$\begin{cases} \dfrac{\partial \Psi}{\partial \xi} = 2(\xi r_k^{\mathrm{T}} A r_k + \eta r_k^{\mathrm{T}} A P_{k-1} - r_k^{\mathrm{T}} r_k) = 0, \\ \dfrac{\partial \Psi}{\partial \eta} = 2(\xi r_k^{\mathrm{T}} A P_{k-1} + \eta P_{k-1}^{\mathrm{T}} A P_{k-1}) = 0. \end{cases} \tag{5.7}$$

解该方程组可得 $\Phi(X)$ 在超平面 π 上的唯一极小点 $\hat{X} = X_k + \hat{\xi} r_k + \hat{\eta} P_{k-1}$, 其中 $\hat{\xi}, \hat{\eta}$ 满足方程 (5.7). 由 $r_k \neq 0$ 可知 $\hat{\xi} \neq 0$, 因此可取

$$P_k = \frac{1}{\hat{\xi}}(\hat{X} - X_k) = r_k + \frac{\hat{\eta}}{\hat{\xi}} P_{k-1}$$

作为新的下山方向. 显然, 这是超平面 Π 上的最佳下山方向.

由 (5.7) 中第二式有

$$\beta_{k-1} := \frac{\hat{\eta}}{\hat{\xi}} = -\frac{r_k^{\mathrm{T}} A P_{k-1}}{P_{k-1}^{\mathrm{T}} A P_{k-1}}.$$

鉴此, P_k 满足 $P_k^{\mathrm{T}}AP_{k-1}=0$, 并因此称 P_k **与** P_{k-1} **是相互共轭的**. P_k 确定后, 步长 α_k 仍可由 (5.3) 给定. 至此, 我们得到最速下降法的一个改进方法, 称之为**共轭梯度法**, 其计算公式为

$$\begin{cases}\alpha_k=\dfrac{r_k^{\mathrm{T}}P_k}{P_k^{\mathrm{T}}AP_k}, \quad X_{k+1}=X_k+\alpha_kP_k,\\ r_{k+1}=b-AX_{k+1}, \quad \beta_k=-\dfrac{r_{k+1}^{\mathrm{T}}AP_k}{P_k^{\mathrm{T}}AP_k}, \quad P_{k+1}=r_{k+1}+\beta_kP_k.\end{cases} \tag{5.8}$$

为节省计算量, 上述公式还可进一步简化, 其需引入下列结论.

定理 5.3 公式 (5.8) 中的向量组 $\{r_i\},\{P_i\}$ 满足如下性质:

(1) $P_i^{\mathrm{T}}r_j=0, \quad 0\leqslant i<j\leqslant k$;

(2) $r_i^{\mathrm{T}}r_j=0, \quad i\neq j,\ 0\leqslant i,j\leqslant k$;

(3) $P_i^{\mathrm{T}}AP_j=0, \quad i\neq j,\ 0\leqslant i,j\leqslant k$;

(4) $\mathcal{K}(A,r_0,k+1)=\mathrm{Span}\{r_0,r_1,\cdots,r_k\}=\mathrm{Span}\{P_0,P_1,\cdots,P_k\}$.

证明 (用数学归纳法) 当 $k=1$ 时, 由

$$P_0=r_0, \quad r_1=r_0-\alpha_0AP_0, \quad P_1=r_1+\beta_0P_0$$

得

$$P_0^{\mathrm{T}}r_1=r_0^{\mathrm{T}}r_1=r_0^{\mathrm{T}}(r_0-\alpha_0Ar_0)=r_0^{\mathrm{T}}r_0-\frac{r_0^{\mathrm{T}}P_0}{P_0^{\mathrm{T}}AP_0}(r_0^{\mathrm{T}}Ar_0)=0,$$

$$P_0^{\mathrm{T}}AP_1=P_1^{\mathrm{T}}AP_0=(r_1+\beta_0r_0)^{\mathrm{T}}Ar_0=r_1^{\mathrm{T}}Ar_0-\frac{r_1^{\mathrm{T}}AP_0}{P_0^{\mathrm{T}}AP_0}(r_0^{\mathrm{T}}Ar_0)=0,$$

$$\mathrm{Span}\{r_0,Ar_0\}=\mathrm{Span}\{r_0,r_1\}=\mathrm{Span}\{P_0,P_1\}.$$

因此 $k=1$ 时结论成立. 今设结论当 $k\leqslant m$ 时成立, 下证其在 $k=m+1$ 时也成立.

(1) 由等式

$$r_{m+1}=b-AX_{m+1}=b-A(X_m+\alpha_mP_m)=r_m-\alpha_mAP_m \tag{5.9}$$

及归纳假设得

$$P_i^{\mathrm{T}}r_{m+1}=P_i^{\mathrm{T}}(r_m-\alpha_mAP_m)=P_i^{\mathrm{T}}r_m-\alpha_mP_i^{\mathrm{T}}AP_m=0, \quad 0\leqslant i\leqslant m-1;$$

$$P_m^{\mathrm{T}}r_{m+1}=P_m^{\mathrm{T}}r_m-\alpha_mP_m^{\mathrm{T}}AP_m=P_m^{\mathrm{T}}r_m-\frac{r_m^{\mathrm{T}}P_m}{P_m^{\mathrm{T}}AP_m}(P_m^{\mathrm{T}}AP_m)=0.$$

因此结论 (1) 在 $k=m+1$ 时也成立.

(2) 由归纳假设, $\mathrm{Span}\{r_0,r_1,\cdots,r_m\}=\mathrm{Span}\{P_0,P_1,\cdots,P_m\}$. 而由 (1) 可知 r_{m+1} 与空间 $\mathrm{Span}\{P_0,P_1,\cdots,P_m\}$ 正交, 因此 r_{m+1} 也与空间 $\mathrm{Span}\{r_0,r_1,\cdots,r_m\}$ 正交. 故结论 (2) 在 $k=m+1$ 时成立.

(3) 由 (5.9)、结论 (2) 及归纳假设有

$$\begin{aligned}P_i^{\mathrm{T}}AP_{m+1}&=P_i^{\mathrm{T}}A(r_{m+1}+\beta_mP_m)\\&=\frac{1}{\alpha_i}r_{m+1}^{\mathrm{T}}(r_i-r_{i+1})+\beta_mP_i^{\mathrm{T}}AP_m=0,\quad 0\leqslant i\leqslant m-1;\end{aligned}$$

$$P_{m+1}^{\mathrm{T}}AP_m=(r_{m+1}+\beta_mP_m)^{\mathrm{T}}AP_m=r_{m+1}^{\mathrm{T}}AP_m-\frac{r_{m+1}^{\mathrm{T}}AP_m}{P_m^{\mathrm{T}}AP_m}(P_m^{\mathrm{T}}AP_m)=0.$$

因此结论 (3) 在 $k=m+1$ 时也成立.

(4) 由归纳假设

$$r_m,P_m\in\mathcal{K}(A,r_0,m+1)=\mathrm{Span}\{r_0,Ar_0,\cdots,A^mr_0\},$$

因此

$$\begin{aligned}r_{m+1}&=r_m-\alpha_mAP_m\in\mathrm{Span}\{r_0,Ar_0,\cdots,A^{m+1}r_0\},\\P_{m+1}&=r_{m+1}+\beta_mAP_m\in\mathrm{Span}\{r_0,Ar_0,\cdots,A^{m+1}r_0\}.\end{aligned}$$

而由结论 (2), (3) 可知 $r_0,r_1,\cdots,r_{m+1}$ 和 $P_0,P_1,\cdots,P_{m+1}$ 均是线性无关的, 即 $\{r_i\}_{i=0}^{m+1}$ 和 $\{P_i\}_{i=0}^{m+1}$ 同为空间 $\mathrm{Span}\{r_0,Ar_0,\cdots,A^{m+1}r_0\}$ 的一组基, 故结论 (4) 在 $k=m+1$ 时也成立. ■

该定理表明 $\{r_i\}_{i=0}^k,\{P_i\}_{i=0}^k$ 分别是 Krylov 子空间 $\mathcal{K}(A,r_0,k+1)$ 的正交基和共轭正交基. 根据此可证明: 当应用共轭梯度法求解 n 维线性方程组时, 理论上至多 n 步即可获得方程组的精确解. 故共轭梯度法既是一种迭代法也是一种直接方法. 此外, 由 (5.9) 及定理 5.3, 进一步有

$$r_{k+1}^{\mathrm{T}}AP_k=\frac{r_{k+1}^{\mathrm{T}}(r_k-r_{k+1})}{\alpha_k}=-\frac{r_{k+1}^{\mathrm{T}}r_{k+1}}{\alpha_k},\tag{5.10}$$

$$P_k^{\mathrm{T}}AP_k=\frac{P_k^{\mathrm{T}}(r_k-r_{k+1})}{\alpha_k}=\frac{P_k^{\mathrm{T}}r_k}{\alpha_k}=\frac{r_k^{\mathrm{T}}(r_k+\beta_{k-1}P_{k-1})}{\alpha_k}=\frac{r_k^{\mathrm{T}}r_k}{\alpha_k}.\tag{5.11}$$

因此, 由等式 (5.9)—(5.11), 共轭梯度法 (5.8) 可置换为

$$\begin{cases}\alpha_k=\dfrac{r_k^{\mathrm{T}}r_k}{P_k^{\mathrm{T}}AP_k},\quad X_{k+1}=X_k+\alpha_kP_k,\\[2ex] r_{k+1}=r_k-\alpha_kAP_k,\quad \beta_k=\dfrac{r_{k+1}^{\mathrm{T}}r_{k+1}}{r_k^{\mathrm{T}}r_k},\quad P_{k+1}=r_{k+1}+\beta_kP_k.\end{cases}\tag{5.12}$$

该算法的程序代码如下:

算法 5.2 共轭梯度法

```
function X=congrad(A,b)
   n=length(b); X0=zeros(n,1); r0=b-A*X0; P0=r0;
while norm(r0)>=10^(-12)
   alpha=r0'*r0/(P0'*A*P0); X1=X0+alpha*P0;
   r1=r0-alpha*A*P0; beta=r1'*r1/(r0'*r0);
   P1=r1+beta*P0; r0=r1; X0=X1; P0=P1;
end
   X0
```

例 5.2 试应用共轭梯度法求解例 5.1 中的线性方程组, 并要求其数值解 X_k 的精度满足 $\|b-AX_k\|_2 \leqslant 10^{-12}$.

解 应用算法 5.2 于例 5.1 中的线性方程组, 迭代 4 步即可获得其方程组的解

$$X=[x_1,\ x_2,\ x_3,\ x_4]^{\mathrm{T}}=[1.0000,\ 2.0000,\ 1.0000,\ 2.0000]^{\mathrm{T}}.\quad \blacksquare$$

由上例可见, 共轭梯度法的收敛速度要大大地快于最速下降法.

定理 5.4 设 X^* 为对称正定方程组 $AX=b$ 的解, 且记

$$\Phi(X)=X^{\mathrm{T}}AX-2b^{\mathrm{T}}X,\quad \|X\|_A=\sqrt{X^{\mathrm{T}}AX},\quad X\in\mathbb{R}^n,$$

则共轭梯度法的第 k 次迭代值 X_k 满足

$$\Phi(X_k)=\min\{\Phi(X):\ X\in X_0+\mathcal{K}(A,r_0,k)\},\tag{5.13}$$

$$\|X_k-X^*\|_A=\min\{\|X-X^*\|_A:\ X\in X_0+\mathcal{K}(A,r_0,k)\}.\tag{5.14}$$

证明 由恒等式 (5.6) 可知, 式 (5.13) 与 (5.14) 是等价的. 因此, 我们只需证明式 (5.14). 若共轭梯度法迭代到第 l 步出现 $r_l=0$ $(l\leqslant n)$, 则有

$$X^*=X_l=X_{l-1}+\alpha_{l-1}P_{l-1}=X_0+\sum_{i=0}^{l-1}\alpha_i P_i,$$

$$X_k=X_0+\sum_{i=0}^{k-1}\alpha_i P_i\in X_0+\mathcal{K}(A,r_0,k),\quad \forall k<l.$$

由定理 5.3 有

$$X=X_0+\sum_{i=0}^{k-1}\gamma_i P_i,\quad \forall X\in X_0+\mathcal{K}(A,r_0,k),$$

因此

$$X^*-X=\sum_{i=0}^{k-1}(\alpha_i-\gamma_i)P_i+\sum_{i=k}^{l-1}\alpha_iP_i,\quad X^*-X_k=\sum_{i=k}^{l-1}\alpha_iP_i.$$

从而, 进一步应用定理 5.3 得

$$\begin{aligned}\|X^*-X\|_A^2&=\left\|\sum_{i=0}^{k-1}(\alpha_i-\gamma_i)P_i\right\|_A^2+\left\|\sum_{i=k}^{l-1}\alpha_iP_i\right\|_A^2\\&\geqslant\left\|\sum_{i=k}^{l-1}\alpha_iP_i\right\|_A^2=\|X^*-X_k\|_A^2.\end{aligned}\tag{5.15}$$

故定理获证. ■

由该定理可获得共轭梯度法的如下收敛性定理.

定理 5.5　设方程组系数阵 A 的特征值为 $0<\lambda_1\leqslant\lambda_2\leqslant\cdots\leqslant\lambda_n$, 则由共轭梯度法产生的迭代序列 $\{X_k\}$ 收敛于其方程组的精确解 X^*, 且有误差估计:

$$\|X_k-X^*\|_A\leqslant2\left(\frac{\sqrt{\lambda_n}-\sqrt{\lambda_1}}{\sqrt{\lambda_n}+\sqrt{\lambda_1}}\right)^k\|X_0-X^*\|_A,\tag{5.16}$$

其中 $\|X\|_A=\sqrt{X^{\mathrm T}AX}$.

证明　$\forall X\in X_0+\mathcal{K}(A,r_0,k)$ 有

$$\begin{aligned}X^*-X&=X^*-X_0+\sum_{j=1}^{k}d_{kj}A^{j-1}r_0=A^{-1}\left(r_0+\sum_{j=1}^{k}d_{kj}A^jr_0\right)\\&=A^{-1}P_k(A)r_0,\quad \text{其中 } P_k(\lambda)=\sum_{j=0}^{k}d_{kj}\lambda^j,\quad P_k(0)=1.\end{aligned}$$

记

$$Q_k=\{P_k:P_k\text{为次数不超过 }k\text{ 的实系数多项式, 且}P_k(0)=1\},$$

则由定理 5.4 及引理 5.1 得

$$\begin{aligned}\|X^*-X_k\|_A&=\min\{\|X-X^*\|_A:\ X\in X_0+\mathcal{K}(A,r_0,k)\}\\&=\min_{P_k\in Q_k}\|A^{-1}P_k(A)r_0\|_A=\min_{P_k\in Q_k}\|P_k(A)A^{-1}r_0\|_A\\&\leqslant\min_{P_k\in Q_k}\max_{1\leqslant i\leqslant n}|P_k(\lambda_i)|\|A^{-1}r_0\|_A\\&\leqslant\min_{P_k\in Q_k}\max_{a\leqslant\lambda\leqslant b}|P_k(\lambda)|\|X^*-X_0\|_A\quad(\text{记 }a=\lambda_1,\ b=\lambda_n).\end{aligned}$$

又由 Chebychev 多项式逼近定理 (参见文献 [14]) 有

$$\min_{P_k \in Q_k} \max_{a \leqslant \lambda \leqslant b} |P_k(\lambda)| = \max_{a \leqslant \lambda \leqslant b} |\tilde{P}_k(\lambda)|,$$

这里,

$$\tilde{P}(\lambda) = \frac{T_k\left(\dfrac{b+a-2\lambda}{b-a}\right)}{T_k\left(\dfrac{b+a}{b-a}\right)}, \quad T_k(x) = \frac{(x+\sqrt{x^2-1})^k + (x-\sqrt{x^2-1})^k}{2},$$

其中 $T_k(x)$ 称为 Chebychev 多项式, 是首项系数为 2^{k-1} 的 k 次多项式, 且有

$$\begin{aligned}\max_{a \leqslant \lambda \leqslant b} |\tilde{P}_k(\lambda)| &= \frac{1}{T_k\left(\dfrac{b+a}{b-a}\right)} = \frac{2(b-a)^k}{(\sqrt{b}+\sqrt{a})^{2k} + (\sqrt{b}-\sqrt{a})^{2k}} \\ &\leqslant \frac{2(b-a)^k}{(\sqrt{b}+\sqrt{a})^{2k}} = 2\left(\frac{\sqrt{b}-\sqrt{a}}{\sqrt{b}+\sqrt{a}}\right)^k.\end{aligned}$$

故估计 (5.16) 成立. ■

该定理表明共轭梯度法的收敛速度主要取决于比值 $\dfrac{\sqrt{\lambda_n}-\sqrt{\lambda_1}}{\sqrt{\lambda_n}+\sqrt{\lambda_1}}$ 及初始向量 X_0 的选取. 此外, 根据下列不等式

$$\frac{\lambda_n-\lambda_1}{\lambda_n+\lambda_1} = \left(\frac{\sqrt{\lambda_n}-\sqrt{\lambda_1}}{\sqrt{\lambda_n}+\sqrt{\lambda_1}}\right)\left(1+\frac{2\sqrt{\lambda_n\lambda_1}}{\lambda_n+\lambda_1}\right) > \frac{\sqrt{\lambda_n}-\sqrt{\lambda_1}}{\sqrt{\lambda_n}+\sqrt{\lambda_1}},$$

我们从理论上进一步获知: 共轭梯度法的收敛速度要比最速下降法快. 此外, 共轭梯度法也可用于求解一般线性方程组 $AX=b$. 事实上, 当系数阵 A 可逆时, 该方程组等价于正定方程组 $A^{\mathrm{T}}AX = A^{\mathrm{T}}b$, 应用共轭梯度法求解后者, 即可获得原方程组的解 X, 该方法称为**正则化方法**.

5.3 预优共轭梯度法

对于系数阵 A 为正定阵的 n 维线性方程组, 当其最大特征值和最小特征值分别为 λ_n, λ_1 时, 其条件数 $\mathrm{Cond}(A)_\infty = \lambda_n/\lambda_1$. 由此可知, 当 $\lambda_n \gg \lambda_1$ 时, 该方程组为病态的, 否则其是良态的. 由误差估计式 (5.16) 可知, 当方程组为良态时, 共轭梯度法的收敛速度较快; 当方程组为病态时, 共轭梯度法的收敛速度缓慢. 为提高共轭梯度法解病态方程组的计算效率, 本节引入预优共轭梯度法.

预优共轭梯度法的基本思想是：首先，通过引入一个 n 级对称正定阵 E 设法将病态方程组 $AX=b$ 转换为良态方程组

$$\hat{A}\hat{X}=\hat{b}, \tag{5.17}$$

其中

$$\hat{A}=E^{-1}AE^{-1},\quad \hat{X}=EX,\quad \hat{b}=E^{-1}b;$$

然后，应用共轭梯度法于良态方程组 (5.17)，即产生下列计算格式

$$\begin{cases} \alpha_k=\dfrac{\hat{r}_k^{\mathrm{T}}\hat{r}_k}{\hat{P}_k^{\mathrm{T}}\hat{A}\hat{P}_k},\quad \hat{X}_{k+1}=\hat{X}_k+\alpha_k\hat{P}_k, \\ \hat{r}_{k+1}=\hat{r}_k-\alpha_k\hat{A}\hat{P}_k,\quad \beta_k=\dfrac{\hat{r}_{k+1}^{\mathrm{T}}\hat{r}_{k+1}}{\hat{r}_k^{\mathrm{T}}\hat{r}_k},\quad \hat{P}_{k+1}=\hat{r}_{k+1}+\beta_k\hat{P}_k. \end{cases} \tag{5.18}$$

为直接得到原方程组 $AX=b$ 的逼近解 X_k，令

$$\hat{X}_k=EX_k,\quad \hat{r}_k=E^{-1}r_k,\quad \hat{P}_k=EP_k,\quad M=E^2,$$

$$\omega_k=AP_k,\quad \rho_k=r_k^{\mathrm{T}}\zeta_k,\quad \zeta_k=M^{-1}r_k,$$

且取初始迭代向量 X_0 及

$$r_0=b-AX_0,\quad \zeta_0=M^{-1}r_0,\quad \rho_0=r_0^{\mathrm{T}}\zeta_0,$$

则预优共轭梯度法 (5.18) 可等价地写成

$$\begin{cases} \alpha_k=\dfrac{\rho_k}{P_k^{\mathrm{T}}\omega_k},\quad X_{k+1}=X_k+\alpha_kP_k,\quad r_{k+1}=r_k-\alpha_k\omega_k, \\ \zeta_{k+1}=M^{-1}r_{k+1},\quad \rho_{k+1}=r_{k+1}^{\mathrm{T}}\zeta_{k+1}, \\ \beta_k=\dfrac{\rho_{k+1}}{\rho_k},\quad P_{k+1}=\zeta_{k+1}+\beta_kP_k. \end{cases} \tag{5.19}$$

该算法的程序代码如下：

算法 5.3　预优共轭梯度法

```
function X=precongrad(A,b,M)
 n=length(b); X0=zeros(n,1); r0=b-A*X0;
 zeta0=M\r0; rho0=r0'*zeta0;  P0=zeta0;
while norm(r0)>=10^(-12)
  omega=A*P0; alpha=rho0/(P0'*omega); X1=X0+alpha*P0;
  r1=r0-alpha*omega; zeta1=M\r1; rho1=r1'*zeta1;
```

```
  beta=rho1/rho0; P1=zeta1+beta*P0;
  r0=r1; X0=X1; P0=P1; rho0=rho1;
end
X0
```

上述算法中的矩阵 M 称为**预优矩阵**, 其选择可基于下列要求:

(1) M 为稀疏的对称正定阵;

(2) $M^{-1}A$ 的特征值量级相差不大;

(3) 方程组 $M\zeta = r$ 易解.

对于预优矩阵 M 的选择, 人们已导出多种方法, 但其中有些方法异常复杂, 有的是针对非常特殊的方程组给出的. 这里, 仅介绍两种简单易行的方法:

(1) 若原方程组的系数阵为分块阵

$$A = \begin{bmatrix} A_{11} & A_{12} & \cdots & A_{1p} \\ A_{21} & A_{22} & \cdots & A_{2p} \\ \vdots & \vdots & & \vdots \\ A_{p1} & A_{p2} & \cdots & A_{pp} \end{bmatrix},$$

其中 A_{ii} 均是易于求逆的方阵, 则可取

$$M = \mathrm{diag}(A_{11}, A_{22}, \cdots, A_{pp}).$$

特别, 当原方程组系数阵的对角元素非零且有较大差异时, 则可取

$$M = \mathrm{diag}(a_{11}, a_{22}, \cdots, a_{nn}).$$

(2) 若原方程组的系数阵可作如下不完全 Cholesky 分解

$$A = LL^{\mathrm{T}} + R,$$

其中 L 为单位下三角阵, 且 $LL^{\mathrm{T}} \approx A$, 则可取 $M = LL^{\mathrm{T}}$.

5.4 其他 Krylov 子空间方法

由定理 5.4 可知, 共轭梯度法实质上就是求 $X_k \in X_0 + \mathcal{K}(A, r_0, k)$ 使得

$$\Phi(X_k) = \min\{\Phi(X): \ X \in X_0 + \mathcal{K}(A, r_0, k)\}.$$

针对求解上述最优化问题, 人们又导出各种类型的 Krylov 子空间方法, 例如: SYM-MLQ 方法, Arnoldi 方法等. 对于求解一般线性方程组 $AX=b$ 的另一种重要 Krylov 子空间方法是**残量极小化方法**, 其基本思想是: 求 $X_k \in X_0 + \mathcal{K}(A, r_0, k)$ 使得

$$\|b - AX_k\|_2 = \min\{\|b - AX\|_2 : \quad X \in X_0 + \mathcal{K}(A, r_0, k)\},$$

从而获得原线性方程组的逼近解 X_k. 围绕求解上述最优化问题至今也已衍生出许多类型的 Krylov 子空间方法, 如: GMRES 方法、MINRES 方法等. 对于这些方法的具体描述, 读者可参见文献 [8, 9, 11, 15].

习 题 5

5.1 试证明由 (5.2) 定义的二次泛函 $\Phi(X)$ 满足 (5.6) 式及下列不等式

$$\Phi(X_k) \leqslant \left(1 - \frac{1}{\|A\|_2 \|A^{-1}\|_2}\right) \Phi(X_{k-1}), \quad k \geqslant 1,$$

其中 $\{X_k\}$ 为由最速下降法产生的迭代序列.

5.2 设 $A \in \mathbb{R}^{n\times n}$ 为对称正定阵, 向量组 $P_0, P_1, \cdots, P_{k-1}$ $(1 \leqslant k \leqslant n)$ 关于矩阵 A 是相互共轭正交的. 证明: 该向量组线性无关, 且有

$$A^{-1} = \sum_{i=0}^{n-1} \frac{P_i P_i^{\mathrm{T}}}{P_i^{\mathrm{T}} A P_i}.$$

5.3 设对称阵 $A \in \mathbb{R}^{n\times n}$ 仅有 k 个互异特征值, $r \in \mathbb{R}^n$ 为任意非零向量. 证明: 子空间 $\mathrm{Span}\{r,\ Ar,\ \cdots,\ A^{n-1}r\}$ 的维数至多为 k.

5.4 设方程组 (5.1) 的系数阵 A 至多有 k 个互异特征值. 证明: 当共轭梯度法应用于该方程组时, 至多迭代 k 步可得其精确解.

5.5 给出用共轭梯度法求解一般方程组 $AX = b$ 的通用程序, 这里 A 非奇异.

5.6 (实验题) 试分别用最速下降法、共轭梯度法及预优共轭梯度法求解线性方程组 $AX = b$, 其中系数阵 $A = (a_{ij}) \in \mathbb{R}^{50\times 50}$ 及向量 $b = [b_1,\ b_2,\ \cdots,\ b_{50}]^{\mathrm{T}}$ 的元素由下式确定:

$$a_{ij} = \begin{cases} \max\{i, j\}, & i \neq j, \\ 50\, i, & i = j; \end{cases} \qquad b_i = \sum_{j=1}^{50} a_{ij}(51 - j).$$

要求迭代解 X_k 的精度满足 $\|X^* - X_k\|_\infty \leqslant 10^{-8}$.

第 6 章　非线性方程组的迭代解法

随着科学技术的高速发展, 各种非线性现象层出不穷, 其常常用非线性常微分方程、非线性偏微分方程、非线性最优化等模型刻画, 这些非线性模型在数值离散后往往形成一个或一组非线性代数方程. 因此, 非线性代数方程的求解是科学研究中的重要问题. 记

$$X = [x_1, x_2, \cdots, x_n]^{\mathrm{T}}, \quad F(X) = [f_1(X), f_2(X), \cdots, f_n(X)]^{\mathrm{T}} \in \mathbb{R}^n.$$

本节将介绍非线性方程组

$$F(X) = 0 \tag{6.1}$$

的一些常用数值方法.

6.1　二　分　法

设标量函数 $f(x)$ 在闭区间 $[a,b]$ 连续, $f(a)f(b) < 0$, 且在 $[a,b]$ 内有唯一零点 x^*. 考虑非线性方程

$$f(x) = 0, \quad x \in [a,b]. \tag{6.2}$$

求解上述方程的一个最基本方法是**二分法**, 其基本计算思路如下:

Step 1　把区间 $[a,b]$ 二等分, 记等分节点

$$a_0 = a, \quad x_0 = \frac{a+b}{2}, \quad b_0 = b.$$

计算 x_0 处的函数值 $f(x_0)$, 若 $f(x_0) = 0$, 则取 $x^* = \dfrac{a+b}{2}$; 否则, 转至 Step 2;

Step 2　若

$$f(a)f\left(\frac{a+b}{2}\right) < 0,$$

则记 $a_1 = a, b_1 = \dfrac{a+b}{2}$; 若

$$f\left(\frac{a+b}{2}\right)f(b) < 0,$$

则记 $a_1 = \dfrac{a+b}{2}$, $b_1 = b$. 取近似根

$$x_1 = \frac{a_1 + b_1}{2} \in [a_1, b_1];$$

Step 3　重复上述步骤可依次获得后续近似根

$$x_k = \frac{a_k + b_k}{2} \in [a_k, b_k], \quad k = 2, 3, \cdots .$$

上述算法需要给定一个计算终止准则. 为此, 我们假设用户要求的计算精度为: $|x^* - x_k| < \varepsilon$. 由于二分 k 次后隔离区间 $[a_k, b_k]$ 的长度为

$$b_k - a_k = \frac{1}{2^k}(b - a),$$

则有误差估计

$$|x^* - x_k| \leqslant \frac{b_k - a_k}{2} = \frac{b - a}{2^{k+1}}.$$

因此, 若要 $|x^* - x_k| < \varepsilon$, 只需 $\dfrac{b - a}{2^{k+1}} < \varepsilon$. 故当

$$k > \frac{\ln(b - a) - \ln(2\varepsilon)}{\ln 2}$$

时, 可终止迭代, 且取 $x_k = \dfrac{a_k + b_k}{2}$ 作为欲求近似根.

综上所述, 可给出二分法的计算代码如下:

算法 6.1　二分法

```
function x=half(a,b,tol)
c=(a+b)/2; k=1;
m=1+round((log(b-a)-log(2*tol))/log(2));
while k<=m
  if f(c)==0
    c=c;
  return;
  elseif f(a)*f(c)<0
    b=(a+b)/2;
  else
    a=(a+b)/2;
  end
 c=(a+b)/2; k=k+1;
end
k
c
```

例 6.1 用二分法求方程 $x = 2\cos\left(x - \frac{\pi}{3}\right)$ 在区间 $\left[\frac{\pi}{2}, \pi\right]$ 内的根, 要求绝对误差小于 10^{-8}.

解 记 $f(x) = x - 2\cos\left(x - \frac{\pi}{3}\right)$, 则 $f(x) \in \mathbb{C}\left(\left[\frac{\pi}{2}, \pi\right]\right)$, 且其满足

$$f\left(\frac{\pi}{2}\right) = \frac{\pi}{2} - \sqrt{3} < 0, \quad f(\pi) = \pi + 1 > 0.$$

此外, $\forall x \in \left[\frac{\pi}{2}, \pi\right]$ 有

$$f'(x) = 1 + 2\sin\left(x - \frac{\pi}{3}\right) > 0,$$

即 $f(x)$ 在区间 $\left[\frac{\pi}{2}, \pi\right]$ 上严格单调递增. 因此, 原方程在区间 $\left[\frac{\pi}{2}, \pi\right]$ 内有唯一根. 编制函数文件 f.m:

$$\text{function} \quad y = f(x)$$

$$y = x - 2 * \cos\left(x - \frac{\pi}{3}\right)$$

运行 Matlab 命令 half$(\pi/2, \pi, 10^{-8})$, 迭代 28 次后获得满足精度要求的数值解

$$x = 1.64882790315755. \quad \blacksquare$$

二分方法是方程求根问题的一种直接搜索方法, 其优点是算法简单, 数值解的精度易于判别. 但该算法有局限性, 仅适用于标量方程, 且事先要确定方程的根的一个隔离区间, 当隔离区间较长时其计算速度较慢.

6.2 弦 截 法

设方程 (6.2) 中函数 $f(x)$ 在其精确解 x^* 的一个邻域 $S(x^*, \delta) = \{x : |x - x^*| \leqslant \delta\} \subseteq [a, b]$ 内二阶连续可微, 且

$$f'(x) \neq 0, \quad \forall x \in S(x^*, \delta); \quad \Theta := \frac{\max\limits_{x \in S(x^*, \delta)} |f''(x)|\, \delta}{2 \min\limits_{x \in S(x^*, \delta)} |f'(x)|} < 1. \tag{6.3}$$

今在邻域 $S(x^*, \delta) = \{x : |x - x^*| \leqslant \delta\}$ 内任取二点 x_0, x_1 作以 $(x_0, f(x_0))$ 和 $(x_1, f(x_1))$ 为端点的弦

$$l_1 : y = f(x_1) + \frac{f(x_1) - f(x_0)}{x_1 - x_0}(x - x_1),$$

其与 x 轴相交于点

$$x_2 = x_1 - \frac{x_1 - x_0}{f(x_1) - f(x_0)} f(x_1);$$

进一步, 作以 $(x_1, f(x_1))$ 和 $(x_2, f(x_2))$ 为端点的弦

$$l_2: y = f(x_2) + \frac{f(x_2) - f(x_1)}{x_2 - x_1}(x - x_2),$$

其与 x 轴相交于点

$$x_3 = x_2 - \frac{x_2 - x_1}{f(x_2) - f(x_1)} f(x_2);$$

依次递推可得一列逼近 x^* 的点 $x_0, x_1, \cdots, x_k, \cdots$(图 6.1), 其一般表达式为

$$x_{k+1} = x_k - \frac{x_k - x_{k-1}}{f(x_k) - f(x_{k-1})} f(x_k), \quad k = 1, 2, \cdots. \tag{6.4}$$

该公式所表征的求解方法称为**弦截法或割线法**, 其具有如下收敛性定理.

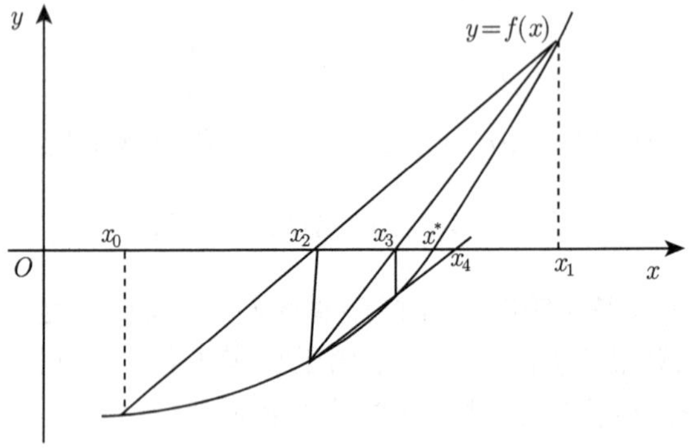

图 6.1　弦截法几何图示

定理 6.1　若方程 (6.2) 中函数 $f(x)$ 在其精确解 x^* 的一个邻域 $S(x^*, \delta) = \{x : |x - x^*| \leqslant \delta\}$ 内二阶连续可微, 且满足条件 (6.3), 则自点 $x_0, x_1 \in S(x^*, \delta)$ 出发, 由弦截法 (6.4) 产生的迭代序列 $\{x_k\}$ 收敛于精确解 x^*, 且有如下误差估计

$$|x_k - x^*| \leqslant \frac{2 \min\limits_{x \in S(x^*, \delta)} |f'(x)|}{\max\limits_{x \in S(x^*, \delta)} |f''(x)|} \Theta^{\frac{1}{\sqrt{5}}\left(\frac{1+\sqrt{5}}{2}\right)^k}. \tag{6.5}$$

证明　记 $f(x)$ 在区间 $[x_{k-1}, x_k]$ $(k \geqslant 1)$ 上的线性插值函数为

$$L(x, x_{k-1}, x_k) = f(x_k) + \frac{f(x_k) - f(x_{k-1})}{x_k - x_{k-1}}(x - x_k). \tag{6.6}$$

则由多项式插值理论 (参见文献 [14, 3]) 得

$$f(x) = L(x, x_{k-1}, x_k) + \frac{1}{2} f''(\xi_k)(x - x_{k-1})(x - x_k), \quad \xi_k \in [a_k, b_k], \tag{6.7}$$

这里 $a_k=\min\{x,x_{k-1},x_k\}$, $b_k=\max\{x,x_{k-1},x_k\}$. 特别, 由上式有

$$f(x^*)=L(x^*,x_{k-1},x_k)+\frac{1}{2}f''(\xi_k)(x^*-x_{k-1})(x^*-x_k),\quad \xi_k\in[a_k,b_k]. \tag{6.8}$$

注意到 $f(x^*)=L(x_{k+1},x_{k-1},x_k)=0$, 则由 (6.7)—(6.8) 得

$$L(x_{k+1},x_{k-1},x_k)-L(x^*,x_{k-1},x_k)=\frac{1}{2}f''(\xi_k)(x^*-x_{k-1})(x^*-x_k),\quad \xi_k\in[a_k,b_k]. \tag{6.9}$$

应用 (6.6) 到上式左端导出

$$\frac{f(x_k)-f(x_{k-1})}{x_k-x_{k-1}}(x_{k+1}-x^*)=\frac{1}{2}f''(\xi_k)(x^*-x_{k-1})(x^*-x_k),\quad \xi_k\in[a_k,b_k]. \tag{6.10}$$

由此及 Lagrange 中值定理得

$$x^*-x_{k+1}=-\frac{f''(\xi_k)}{2f'(\zeta_k)}(x^*-x_{k-1})(x^*-x_k),\quad \xi_k\in[a_k,b_k],\quad \zeta_k\in[\hat{a}_k,\hat{b}_k], \tag{6.11}$$

这里 $\hat{a}_k=\min\{x_{k-1},x_k\}$, $\hat{b}_k=\max\{x_{k-1},x_k\}$. 利用式 (6.11) 及数学归纳法可证: $\forall k>0$, $x_k\in S(x^*,\delta)$, 且有

$$|x^*-x_{k+1}|\leqslant\frac{\max\limits_{x\in S(x^*,\delta)}|f''(x)|}{2\min\limits_{x\in S(x^*,\delta)}|f'(x)|}|x^*-x_k||x^*-x_{k-1}|. \tag{6.12}$$

若记 $\alpha_k=\dfrac{\max\limits_{x\in S(x^*,\delta)}|f''(x)|}{2\min\limits_{x\in S(x^*,\delta)}|f'(x)|}|x^*-x_k|$, 则 (6.12) 意味着下列递推关系:

$$\alpha_{k+1}\leqslant\alpha_k\alpha_{k-1},\quad k=1,2,\cdots. \tag{6.13}$$

既然由已知条件有 $\alpha_0,\alpha_1\leqslant\Theta$, 因此由上式及数学归纳法可推得

$$\alpha_k\leqslant\Theta^{\beta_k},\quad k=0,1,\cdots, \tag{6.14}$$

这里 β_k 为下列差分方程的解:

$$\beta_{k+1}=\beta_k+\beta_{k-1},\quad k=1,2,\cdots;\quad \beta_0=\beta_1=1. \tag{6.15}$$

该方程的解可由相关差分方程理论 (参见文献 [16]) 获得. 事实上, 由于差分方程 (6.15) 的特征方程

$$\lambda^2-\lambda-1=0$$

具有互异根

$$\lambda_1=\frac{1+\sqrt{5}}{2},\quad \lambda_2=\frac{1-\sqrt{5}}{2},$$

则其通解为

$$\beta_k = c_1\lambda_1^k + c_2\lambda_2^k, \quad k = 0, 1, \cdots,$$

其中参数 c_1, c_2 可由初始条件 $\beta_0 = \beta_1 = 1$ 确定为

$$c_1 = \frac{\sqrt{5}+1}{2\sqrt{5}}, \quad c_2 = \frac{\sqrt{5}-1}{2\sqrt{5}}.$$

因此

$$\beta_k = \frac{1}{\sqrt{5}}\left[\left(\frac{1+\sqrt{5}}{2}\right)^{k+1} - \left(\frac{1-\sqrt{5}}{2}\right)^{k+1}\right], \quad k = 1, 2, \cdots.$$

通过直接验证可得

$$\beta_k \geqslant \frac{1}{\sqrt{5}}\left(\frac{1+\sqrt{5}}{2}\right)^k, \quad k = 1, 2, \cdots. \tag{6.16}$$

综合不等式 (6.14), (6.16) 及已知条件 $0 \leqslant \Theta < 1$ 即证得误差估计式 (6.5), 且由此估计式及 $0 \leqslant \Theta < 1$ 可推得 $\lim\limits_{k\to\infty} x_k = x^*$. ■

例 6.2 用弦截法求方程 $x = 2\cos\left(x - \frac{\pi}{3}\right)$ 在 $\left[\frac{\pi}{2}, \pi\right]$ 内的根, 要求

$$|x_k - x_{k-1}| < 10^{-8}.$$

解 记 $f(x) = x - 2\cos\left(x - \frac{\pi}{3}\right)$. 例 6.1 的求解过程已表明方程 $f(x) = 0$ 在区间 $\left[\frac{\pi}{2}, \pi\right]$ 内有唯一根. 今取初始迭代点 $x_0 = \pi/2$, $x_1 = \pi$, 应用弦截法 (6.4) 到该方程, 迭代 6 次后获得满足精度要求的数值解 $x = 1.64882790398738$. ■

例 6.1 与例 6.2 相比较, 显见弦截法的收敛速度要快于二分法的收敛速度. 此外, 若弦截法产生的迭代序列 x_k 充分接近于精确解 x^*, 则 $x_k - x_{k-1}$ 与 $f(x_k)$ 均充分接近于零. 因此, 我们可近似地置 $x_k - x_{k-1} \approx f(x_k)$, 从而弦截法可改造为 **Steffensen 方法**

$$x_{k+1} = x_k - \frac{f^2(x_k)}{f(x_k) - f(x_k - f(x_k))}, \quad k = 1, 2, \cdots. \tag{6.17}$$

一般而言, Steffensen 方法的收敛速度要快于弦截法, 例如：若取初始迭代点 $x_0 = \pi/2$, 应用 Steffensen 方法 (6.17) 到例 6.2 中的方程 $x = 2\cos\left(x - \frac{\pi}{3}\right)$, 则经 4 次迭代后, 可得满足精度要求: $|x_k - x_{k-1}| < 10^{-8}$ 的数值解 $x = 1.64882790398738$.

6.3 Picard 迭代法

基于不动点原理, 本节将给出非线性方程的 Picard 迭代法, 其是非线性代数方

程的最简单和最基本的迭代方法. 首先我们考虑标量方程的 Picard 迭代法, 然后将其推广应用到向量型方程的求解.

6.3.1 标量方程的 Picard 迭代法

设非线性标量方程 (6.2) 可等价地写成

$$x = \varphi(x), \quad x \in [a, b], \tag{6.18}$$

其中 $\varphi(x)$ 为连续函数. 该方程的求根问题在几何上可视为求曲线 $y = \varphi(x)$ 与直线 $y = x$ 的交点 P^* 的横坐标 x^*. 因此, 我们可从这一几何观点出发来构造求解方程 (6.18) 的数值算法. 设有根 x^* 的初始逼近值 x_0, 过曲线 $y = \varphi(x)$ 上的点 $P_0(x_0, \varphi(x_0))$ 引平行于 x 轴的直线, 它与直线 $y = x$ 相交于点 $P_0'(\varphi(x_0), \varphi(x_0))$, 记其横坐标为 $x_1 = \varphi(x_0)$; 然后过点 P_0' 引平行于 y 轴的直线, 它与曲线 $y = \varphi(x)$ 相交于点 $P_1(x_1, \varphi(x_1))$; 又过点 P_1 引平行于 x 轴的直线, 它与直线 $y = x$ 相交于点 $P_1'(\varphi(x_1), \varphi(x_1))$, 记其横坐标为 $x_2 = \varphi(x_1)$; 进而过点 P_1' 引平行于 y 轴的直线, 它与曲线 $y = \varphi(x)$ 相交于点 $P_2(x_2, \varphi(x_2))$; 不断重复上述过程, 可得点列 $P_1, P_2, \cdots, P_k, \cdots$ (图 6.2), 其横坐标由公式

$$x_{k+1} = \varphi(x_k), \quad k = 0, 1, 2, \cdots \tag{6.19}$$

迭代获得. 该迭代过程表明, 若迭代函数 φ 及初始逼近值 x_0 选择恰当, 则点列 $\{P_k\}_{i=k}^{\infty}$ 逐步逼近 P^*, 即迭代序列 x_k 收敛于 x^*(图 6.2(a)); 否则, 迭代过程发散 (图 6.2(b)). 由公式 (6.19) 确定的方法称为**Picard 迭代法**.

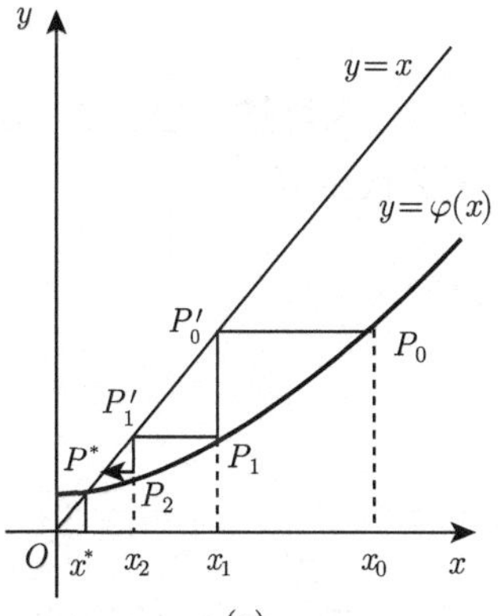

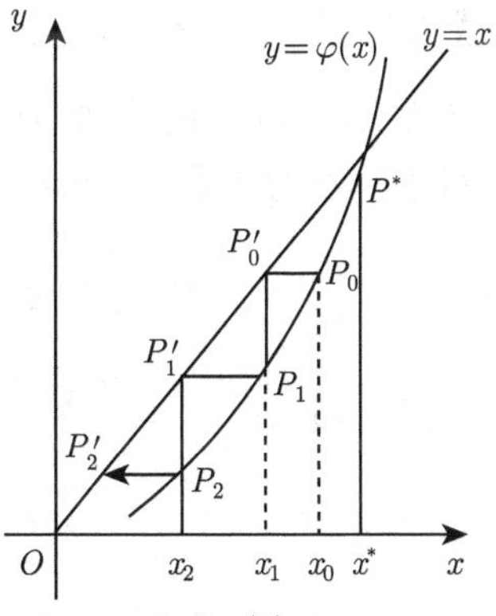

图 6.2 Picard 迭代法几何图示

例 6.3 应用 Picard 迭代法求解方程

$$x^3 - 2x^2 + x - 2 = 0$$

在 $x=1.8$ 附近的近似根 x_k, 并使其满足 $|x_k-x_{k-1}|<10^{-8}$.

解 其方程可写成下列等价形式

$$x=\sqrt[3]{2x^2-x+2},$$

由此得 Picard 迭代公式

$$x_{k+1}=\sqrt[3]{2x_k^2-x_k+2},\quad k=0,1,2,\cdots,\quad x_0=1.8.$$

根据该迭代公式, 经 31 次迭代后, 可得其方程在 $x=1.8$ 附近且满足精度要求的近似根 $x_{31}=1.99999998890913$.

若取其方程的另一等价形式

$$x=-x^3+2x^2+2,$$

则有迭代格式

$$x_{k+1}=-x_k^3+2x_k^2+2,\quad k=0,1,2,\cdots,\quad x_0=1.8.$$

根据该迭代公式, 经 10 次迭代后, 计算机发生溢出, 无法获得满足题设精度要求的近似根. ■

此例表明, 尽管一个非线性方程可以有多种 Picard 迭代格式, 但是只有那些收敛的 Picard 迭代格式才是实际有效的计算格式.

6.3.2 非线性方程组的 Picard 迭代法

由 1.5 节的不动点原理可知, Picard 迭代法 (6.19) 也可推广应用于非线性方程组情形, 即对于非线性方程组 (6.1) 有如下 Picard 迭代格式

$$X_{k+1}=\Phi(X_k),\quad k=0,1,2,\cdots,\tag{6.20}$$

这里 $X_k=[x_1^{(k)},\ x_2^{(k)},\ \cdots,\ x_n^{(k)}]^{\mathrm{T}}$, 方程组

$$X=\Phi(X),\quad X\in D\subset\mathbb{R}^n\tag{6.21}$$

与方程组 (6.1) 等价. 为简单见, 以下简称 G-可微为可微, 综合中值公式 (1.13) 与定理 1.14 可直接获得迭代格式 (6.20) 的收敛性判据.

定理 6.2 设 Φ: $D\subset\mathbb{R}^n\to\mathbb{R}^n$ 于闭凸集 $D_0\subset D$ 上连续可微, 且满足

$$\Phi(D_0)\subset D_0,\quad q:=\sup_{X\in D_0}\|\Phi'(X)\|<1,\tag{6.22}$$

这里 $\|\cdot\|$ 是从属于某向量范数 $\|\cdot\|$ 的矩阵范数, 则方程组 (6.21) 有唯一不动点 $X^* \in D_0$, 迭代格式 (6.20) 自任意迭代初值 $X_0 \in D_0$ 出发收敛于该不动点, 且有先验误差估计

$$\|X^* - X_k\| \leqslant \frac{q^k}{1-q}\|X_1 - X_0\|, \quad k = 1, 2 \cdots \tag{6.23}$$

及后验误差估计

$$\|X^* - X_k\| \leqslant \frac{q}{1-q}\|X_k - X_{k-1}\|, \quad k = 1, 2 \cdots . \tag{6.24}$$

上述结论不仅给出了 Picard 迭代法的收敛性准则, 而且给出了计算程序的终止准则, 即若要求计算精度满足 $\|X^* - X_k\| < \varepsilon$ 时, 我们只需近似用条件 $\|X_k - X_{k-1}\| < \varepsilon$ 来控制迭代过程的终止, 然后以当前迭代值 X_k 作为满足精度要求的数值解. 此外, 由定理 6.2 也可导出标量 Picard 迭代格式 (6.19) 的收敛性准则.

推论 6.1 若迭代格式 (6.19) 的迭代函数 $\varphi(x)$ 在 $[a, b]$ 上连续可微, 且满足

(1) $a \leqslant \varphi(x) \leqslant b, \quad \forall x \in [a, b]$;

(2) $q := \sup\limits_{x \in [a,b]} |\varphi'(x)| < 1$,

则方程 (6.18) 有唯一不动点 $x^* \in [a, b]$, 迭代格式 (6.19) 自任意迭代初值 $x_0 \in [a, b]$ 出发收敛于该不动点, 且有误差估计式 (6.23) 及 (6.24) 成立.

此外, 对于 Picard 迭代法, 还有如下局部收敛性准则.

定理 6.3 设 $\Phi : D \subset \mathbb{R}^n \to \mathbb{R}^n$ 在其不动点 X^* 的某邻域内连续可微, 且存在从属于某向量范数 $\|\cdot\|$ 的矩阵范数 $\|\cdot\|$ 使得

$$\|\Phi'(X^*)\| < 1, \tag{6.25}$$

则存在 X^* 的某邻域 $S(X^*, \delta) := \{X \in \mathbb{R}^n : \ \|X - X^*\| \leqslant \delta\}$, 使得迭代格式 (6.20) 自任意迭代初值 $X_0 \in S(X^*, \delta)$ 出发收敛于不动点 X^*.

证明 既然 Φ 于其不动点 $X^* \in D$ 的某邻域内连续可微, 且有 $\|\Phi'(X^*)\| < 1$, 则存在 $0 < q < 1$ 及 $\delta > 0$ 使得

$$\|\Phi'(X)\| \leqslant q < 1, \quad X \in S(X^*, \delta).$$

从而, 对一切 $X \in S(X^*, \delta)$, 由中值公式有

$$\begin{aligned}
\|\Phi(X) - X^*\| &= \|\Phi(X) - \Phi(X^*)\| \\
&\leqslant \sup_{0 \leqslant \theta \leqslant 1} \|\Phi'(X^* + \theta(X - X^*))\| \|X - X^*\| \\
&\leqslant q\|X - X^*\| \leqslant \delta,
\end{aligned}$$

即 $\Phi(X) \in S(X^*, \delta)$. 故应用定理 6.2 即得本结论. ■

例 6.4 利用 Picard 迭代法求解非线性方程组

$$\begin{cases} \cos x - \sin y = 2x, \\ \sin x + \cos y = 2y, \end{cases} \tag{6.26}$$

并要求所得数值解 X_k 满足精度要求: $\|X_k - X_{k-1}\|_2 < 10^{-8}$.

解 记

$$X = \begin{bmatrix} x \\ y \end{bmatrix}, \quad \Phi(X) = \frac{1}{2}\begin{bmatrix} \cos x & -\sin y \\ \sin x & +\cos y \end{bmatrix},$$

则其方程组可等价地写成 $X = \Phi(X)$, 且 $\Phi(X)$ 的 Jacobi 矩阵

$$\Phi'(X) = \frac{1}{2}\begin{bmatrix} -\sin x & -\cos y \\ \cos x & -\sin y \end{bmatrix}.$$

显然该矩阵的元素均在 $\mathbb{R}^2$ 上连续, 因此 $\Phi(X)$ 在 $\mathbb{R}^2$ 上连续可微. 若取 $D_0 = \{X \in \mathbb{R}^2 : \|X\|_2 \leqslant 1\}$, 由于 $\forall X \in \mathbb{R}^2$ 有

$$\|\Phi(X)\|_2 = \frac{1}{2}\sqrt{(\cos x - \sin y)^2 + (\sin x + \cos y)^2} = \frac{1}{\sqrt{2}}\sqrt{1 + \sin(x-y)} \leqslant 1,$$

则 $\Phi(D_0) \subset D_0$. 又 $\forall X \in \mathbb{R}^2$ 及 $\lambda \in \mathbb{R}$ 有

$$\begin{aligned} &\det[\lambda I - (\Phi'(X))^{\mathrm{T}}(\Phi'(X))] \\ =&\frac{1}{4}\begin{vmatrix} 4\lambda - \sin^2 x - \cos^2 y & \sin x\cos x - \sin y\cos y \\ \sin x\cos x - \sin y\cos y & 4\lambda - \cos^2 x - \sin^2 y \end{vmatrix} \\ =&4\lambda^2 - 2\lambda + \frac{1}{4}\cos^2(x-y), \end{aligned}$$

其多项式的根为 $\lambda_{1,2} = \dfrac{1 \pm \sin(x-y)}{4}$, 因此

$$\begin{aligned} \|\Phi'(X)\|_2 &= \sqrt{\rho[(\Phi'(X))^{\mathrm{T}}(\Phi'(X))]} \\ &= \sqrt{\max\left\{\left|\frac{1+\sin(x-y)}{4}\right|, \left|\frac{1-\sin(x-y)}{4}\right|\right\}} \leqslant \frac{1}{\sqrt{2}}. \end{aligned}$$

从而有 $\sup\limits_{X \in D_0} \|\Phi'(X)\|_2 < 1$. 故根据定理 6.2, Picard 迭代格式

$$X_{k+1} = \Phi(X_k), \quad k = 0, 1, 2, \cdots; \quad X_0 = [0,\ 0]^{\mathrm{T}}$$

收敛于其方程组的解. 利用该迭代格式计算方程组 (6.26), 经 27 次迭代后获得满足精度要求的数值解

$$X_{27} = [0.22905926899460,\ 0.54189671768053]^{\mathrm{T}}.$$ ■

6.3.3 加速收敛技术

Picard 迭代法是一种简单而基本的迭代方法, 但其收敛速度一般较慢, 为改善其迭代过程, 本节探讨一些加速收敛技术. 设 Jacobi 阵 $\Phi'(X)$ 在 X^* 的邻域内变化不大, 其有近似矩阵 P, 则由 Taylor 展开式有

$$X^* - \Phi(X_k) = \Phi(X^*) - \Phi(X_k) = \int_0^1 \Phi'(X_k + \theta(X^* - X_k))(X^* - X_k)\mathrm{d}\theta \approx P(X^* - X_k),$$

即

$$X^* \approx (I-P)^{-1}[\Phi(X_k) - PX_k].$$

由此得加速迭代公式

$$X_{k+1} = (I-P)^{-1}[\Phi(X_k) - PX_k], \quad k = 0, 1, \cdots. \tag{6.27}$$

例 6.5 取迭代初始向量 $X_0 = [0,\ 0]^{\mathrm{T}}$, 利用加速迭代公式 (6.27) 求解方程组 (6.26), 并要求所得数值解 X_k 满足精度要求: $\|X_k - X_{k-1}\|_2 < 10^{-8}$.

解 记

$$X = \begin{bmatrix} x \\ y \end{bmatrix}, \quad \Phi(X) = \frac{1}{2}\begin{bmatrix} \cos x & -\sin y \\ \sin x & +\cos y \end{bmatrix}, \quad P = \Phi'(X_0) = \frac{1}{2}\begin{bmatrix} 0 & -1 \\ 1 & 0 \end{bmatrix},$$

则得加速迭代格式

$$X_{k+1} = \frac{2}{5}\begin{bmatrix} 2 & -1 \\ 1 & 2 \end{bmatrix}\left\{\Phi(X_k) - \frac{1}{2}\begin{bmatrix} 0 & -1 \\ 1 & 0 \end{bmatrix} X_k\right\}, \quad k = 0, 1, \cdots.$$

利用该迭代格式计算方程组 (6.26), 经 11 次迭代后得满足精度要求的数值解

$$X_{11} = [0.22905926751849,\ \ 0.54189671634967]^{\mathrm{T}}. \ \blacksquare$$

上例表明, 加速迭代格式可加快 Picard 迭代法的收敛速度, 但该方法的缺陷是需要确定矩阵 P, 而这在实际问题的计算中是非常困难的. 对于标量非线性方程 (6.18), 我们有一种克服该困难的方法, 即所谓的 **Aitken 加速迭代法**. 记

$$\tilde{x}_{k+1} = \varphi(x_k), \quad \hat{x}_{k+1} = \varphi(\tilde{x}_{k+1}),$$

则由 Taylor 展开定理近似地有

$$x^* - \tilde{x}_{k+1} \approx p(x^* - x_k), \quad x^* - \hat{x}_{k+1} \approx p(x^* - \tilde{x}_{k+1}),$$

由上面两式消去未知常数 p 得

$$x^* \approx \hat{x}_{k+1} - \frac{(\hat{x}_{k+1} - \tilde{x}_{k+1})^2}{\hat{x}_{k+1} - 2\tilde{x}_{k+1} + x_k}.$$

综上所述, 可得 Aitken 加速迭代公式

$$\begin{cases} \tilde{x}_{k+1} = \varphi(x_k), \\ \hat{x}_{k+1} = \varphi(\tilde{x}_{k+1}), \\ x_{k+1} = \hat{x}_{k+1} - \dfrac{(\hat{x}_{k+1} - \tilde{x}_{k+1})^2}{\hat{x}_{k+1} - 2\tilde{x}_{k+1} + x_k}, \end{cases} \tag{6.28}$$

例 6.6 利用 Aitken 加速迭代公式求方程

$$x^3 - 2x^2 + x - 2 = 0$$

在 $x = 1.8$ 附近的近似根 x_k, 并使其满足 $|x_k - x_{k-1}| < 10^{-8}$.

解 取

$$x_0 = 1.8, \quad \varphi(x) = \sqrt[3]{2x^2 - x + 2},$$

应用 Aitken 加速迭代公式 (6.28) 求解方程, 经 3 次迭代后, 可得其方程在 $x = 1.8$ 附近且满足精度要求的近似根 $x_3 = 2.00000000000000$.

若另取

$$\varphi(x) = -x^3 + 2x^2 + 2,$$

应用 Aitken 加速迭代公式 (6.28) 求解方程, 经 6 次迭代后, 可得其方程在 $x = 1.8$ 附近且满足精度要求的近似根 $x_6 = 2$. ■

例 6.3 与例 6.6 的数值结果表明: Aitken 迭代法大大加速了 Picard 迭代法的收敛速度, 而且在某些情形下 Aitken 迭代法可将一个发散的 Picard 迭代过程改造成一个收敛的迭代过程.

6.4 Newton 迭代法

6.4.1 标量方程的 Newton 迭代法

在方程 (6.2) 的解的隔离区间 $[a, b]$ 上选取适当迭代初值 x_0, 过曲线 $y = f(x)$ 的点 $(x_0, f(x_0))$ 引切线

$$l_1 : y = f(x_0) + f'(x_0)(x - x_0),$$

其与 x 轴相交于点

$$x_1 = x_0 - \frac{f(x_0)}{f'(x_0)};$$

进一步, 过曲线 $y = f(x)$ 的点 $(x_1, f(x_1))$ 引切线

$$l_2 : y = f(x_1) + f'(x_1)(x - x_1),$$

其与 x 轴相交于点

$$x_2 = x_1 - \frac{f(x_1)}{f'(x_1)};$$

重复上述过程可得逼近 x^* 的点列 $x_0, x_1, \cdots, x_k, \cdots$(图 6.3), 其一般表达式为

$$x_k = x_{k-1} - \frac{f(x_{k-1})}{f'(x_{k-1})}, \quad k = 1, 2, \cdots, \tag{6.29}$$

该公式即称为 Newton 迭代公式, 其相应求解方法称为 **Newton 迭代法或切线法**.

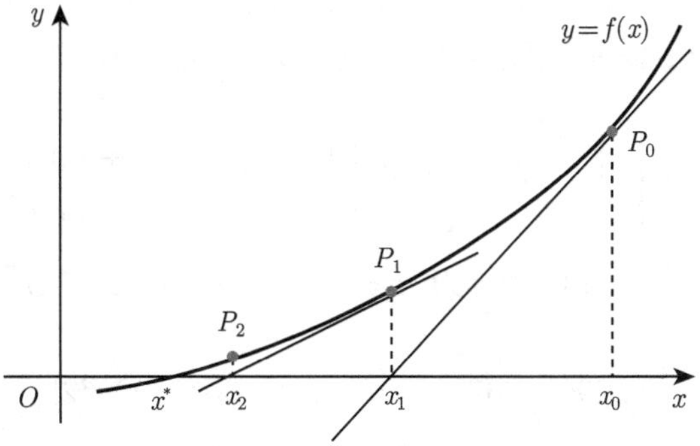

图 6.3 Newton 迭代法几何图示

由图 6.3 可见, 当迭代初值 x_0 选择恰当时, 点列 $x_0, x_1, \cdots, x_k, \cdots$ 将逼近标量方程 (6.2) 的精确解 x^*.

例 6.7 用 Newton 迭代法求方程 $x = 4\sin x$ 在区间 $\left[\frac{\pi}{2}, \pi\right]$ 内的根, 并使其满足 $|x_k - x_{k-1}| < 10^{-8}$.

解 记 $f(x) = x - 4\sin x$,, 并取 $x_0 = \frac{\pi}{2}$. 应用 Newton 迭代法 (6.29) 于方程 $x = 4\sin x$, 经 7 次迭代后, 可得满足精度要求的数值解 $x_7 = 2.47457678736983$. ■

将例 6.1 与例 6.7 相比较, 显见 Newton 迭代法的收敛速度要远远快于二分法的收敛速度.

6.4.2 非线性方程组的 Newton 迭代法

Newton 迭代法也可推广到非线性方程组 (6.1) 情形. 事实上, 若记方程组 (6.1) 的精确解为 X^*, 其第 k 次逼近值为 X_k, 则由一阶 Taylor 展开式有

$$F(X^*) \approx F(X_k) + F'(X_k)(X^* - X_k).$$

由 $F(X^*)=0$ 及上式得

$$X^* \approx X_k - [F'(X_k)]^{-1}F(X_k).$$

故得求解方程组 (6.1) 的 **Newton 迭代公式**

$$X_{k+1} = X_k - [F'(X_k)]^{-1}F(X_k), \quad k=0,1,2,\cdots. \tag{6.30}$$

Newton 迭代法的每步需计算 Jacobi 阵 $F'(X_k)$, 其将耗费大量的计算时间. 为节省该计算花费, 我们有时也可采用如下**简化的 Newton 迭代公式**

$$X_{k+1} = X_k - [F'(X_0)]^{-1}F(X_k), \quad k=0,1,2,\cdots. \tag{6.31}$$

例 6.8　取迭代初始向量 $X_0=[0,\ 0]^{\mathrm{T}}$, 利用 Newton 迭代法求解方程组 (6.26), 并要求所得数值解 X_k 满足精度要求: $\|X_k - X_{k-1}\|_2 < 10^{-8}$.

解　记

$$X = \begin{bmatrix} x \\ y \end{bmatrix}, \quad F(X) = \frac{1}{2}\begin{bmatrix} 2x & -\cos x & +\sin y \\ 2y & -\sin x & -\cos y \end{bmatrix}.$$

应用 Newton 迭代公式 (6.30) 计算方程组 (6.26), 经 5 次迭代后得满足精度要求的数值解

$$X_5 = [0.22905926720286,\ \ 0.54189671602062]^{\mathrm{T}}. \quad \blacksquare$$

由例 6.8 可见, Newton 迭代法的收敛速度要快于 Picard 迭代法及其加速迭代格式的收敛速度. 但 Newton 迭代法有一个不足之处, 即其要求选择一个恰当的迭代初值 X_0, 方可保证迭代过程快速收敛. 为尽量避免因初值 X_0 选择不当而导致迭代过程缓慢收敛或发散, 我们在 Newton 迭代公式中引入一个**下山因子** λ: $0<\lambda\leqslant 1$, 从而产生下述 **Newton 下山法**

$$X_{k+1} = X_k - \lambda[F'(X_k)]^{-1}F(X_k), \quad k=0,1,2,\cdots. \tag{6.32}$$

在实际计算中, λ 可依次取为 $1, \frac{1}{2}, \frac{1}{2^2}, \cdots, \frac{1}{2^k}, \cdots$, 并且采用双精度控制:

$$\|X_{k+1}-X_k\| < \varepsilon_1 \quad \text{或} \quad \|F(X_k)\| < \varepsilon_2,$$

这里 $\varepsilon_1,\ \varepsilon_2$ 为预定精度.

Newton 迭代法 (6.30) 的收敛性可由如下 Kantorovich 定理给出.

定理 6.4　若 $F: D\subset \mathbb{R}^n \to \mathbb{R}^n$ 在开凸集 $D_0\subset D$ 上连续可微, 且存在常数 $\alpha,\ \beta,\ \gamma>0$, $X_0\in D_0$ 及从属于某向量范数 $\|\cdot\|$ 的矩阵范数 $\|\cdot\|$, 使得

(a) $\|F'(X)-F'(Y)\| \leqslant \alpha\|X-Y\|$, $\forall X,\ Y\in D_0$;

(b) $\|[F'(X)]^{-1}\| \leqslant \beta,\ \forall X \in D_0$;

(c) $\gamma := \|[F'(X_0)]^{-1}F(X_0)\|,\ \eta := \alpha\beta\gamma < \dfrac{1}{2}$;

(d) $S(X_0, 2\gamma) := \{X:\ \|X - X_0\| \leqslant 2\gamma\} \subset D_0$,

则方程组 (6.1) 在 $S(X_0, 2\gamma)$ 内有唯一解 X^*, 且 Newton 迭代法 (6.30) 收敛于 X^*, 其迭代解 $X_k \in S(X_0, 2\gamma)$ 且满足误差估计

$$\|X_k - X^*\| \leqslant 2\gamma\eta^{2^k-1}, \quad k = 0, 1, \cdots. \tag{6.33}$$

证明 首先, 我们用数学归纳法证明下列不等式成立:

$$\|X_k - X_0\| \leqslant 2\gamma, \quad \|X_k - X_{k-1}\| \leqslant \gamma\eta^{2^{k-1}-1}, \quad k = 1, 2, \cdots. \tag{6.34}$$

事实上, 由 Newton 迭代公式 (6.30) 及条件 (c) 有

$$\|X_1 - X_0\| = \|[F'(X_0)]^{-1}F(X_0)\| = \gamma.$$

由此可知, 当 $k = 1$ 时, 式 (6.34) 成立. 今设: 当 $1 \leqslant k \leqslant l$ 时, 式 (6.34) 成立. 下证: 当 $k = l + 1$ 时, 式 (6.34) 成立. 由 Newton 迭代公式 (6.30)、条件 (a)—(d)、微分性质 (1.15) 及归纳假设有

$$\begin{aligned}
\|X_{l+1} - X_l\| &= \|[F'(X_l)]^{-1}F(X_l)\| \leqslant \beta\|F(X_l)\| \\
&= \beta\|F(X_l) - F(X_{l-1}) - F'(X_{l-1})(X_l - X_{l-1})\| \\
&\leqslant \frac{\alpha\beta}{2}\|X_l - X_{l-1}\|^2 \leqslant \frac{\alpha\beta}{2}[\gamma\eta^{2^{l-1}-1}]^2 \\
&= \frac{\gamma}{2}\eta^{2^l-1} < \gamma\eta^{2^l-1}.
\end{aligned} \tag{6.35}$$

进一步, 由归纳假设, 式 (6.35), 条件 $0 \leqslant \eta < \dfrac{1}{2}$ 及不等式 $2^i \geqslant 1 + i\ (\forall i \geqslant 0)$ 得

$$\|X_{l+1} - X_0\| \leqslant \sum_{i=0}^{l}\|X_{i+1} - X_i\| \leqslant \gamma\sum_{i=0}^{l}\eta^{2^i-1} \leqslant \gamma\sum_{i=0}^{l}\eta^i \leqslant \frac{\gamma}{1-\eta} \leqslant 2\gamma. \tag{6.36}$$

因此, 不等式 (6.34) 得证.

根据 (6.34) 中的第二个不等式, 对于任意正整数 $p, k > 0$ 有

$$\begin{aligned}
\|X_{k+p} - X_k\| &\leqslant \sum_{i=k}^{k+p-1}\|X_{i+1} - X_i\| \\
&\leqslant \gamma\sum_{i=k}^{k+p-1}\eta^{2^i-1} \leqslant \gamma\eta^{2^k-1}\sum_{i=0}^{p-1}\eta^{2^k(2^i-1)} \leqslant 2\gamma\eta^{2^k-1},
\end{aligned} \tag{6.37}$$

此表明 $\{X_k\}$ 是一个 Cauchy 序列, 且因此极限 $\lim\limits_{k\to\infty} X_k = X^*$ 存在. 在 (6.34) 的第一式及式 (6.37) 中分别令 $k\to\infty$, $p\to\infty$ 得 $X^*\in S(X_0,2\gamma)$ 及误差估计式 (6.33).

由 Newton 迭代公式 (6.30) 及条件 (a) 有

$$\begin{aligned}\|F(X_k)\| &= \|F'(X_k)(X_{k+1}-X_k)\|\\ &\leqslant \|F'(X_k)-F'(X_0)+F'(X_0)\|\|X_{k+1}-X_k\|\\ &\leqslant [\alpha\|X_k-X_0\|+\|F'(X_0)\|]\|X_{k+1}-X_k\|\to 0,\quad k\to 0. \end{aligned}\tag{6.38}$$

由此及 $F(X)$ 的连续性得

$$F(X^*)=F\left(\lim_{k\to\infty}X_k\right)=\lim_{k\to\infty}F(X_k)=0,$$

即 X^* 是方程 $F(X)=0$ 的解.

下证 X^* 是方程 $F(X)=0$ 在 X_0 的邻域 $S(X_0,2\gamma)$ 内的唯一解. 记

$$\Psi(X):=X-[F'(X_0)]^{-1}F(X),\quad X\in S(X_0,2\gamma),$$

则方程 $F(X)=0$ 与方程 $X=\Psi(X)$ 有相同解. 若方程 $F(X)=0$ 或方程 $X=\Psi(X)$ 有异于 X^* 的解 Y^*, 则根据条件 (a)—(c) 及微分性质 (1.15) 得

$$\begin{aligned}\|X^*-Y^*\| &= \|\Psi(X^*)-\Psi(Y^*)\|\\ &= \|[F'(X_0)]^{-1}[F(Y^*)-F(X^*)-F'(X_0)(Y^*-X^*)]\|\\ &\leqslant \frac{\alpha\beta}{2}\|Y^*-X^*\|[\|Y^*-X_0\|+\|X^*-X_0\|]\\ &\leqslant 2\alpha\beta\gamma\|X^*-Y^*\| = 2\eta\|X^*-Y^*\|, \end{aligned}\tag{6.39}$$

此表明 $\eta\geqslant\frac{1}{2}$, 这与条件 (c) 中 $\eta<\frac{1}{2}$ 矛盾! 故方程 $F(X)=0$ 在 X_0 的邻域 $S(X_0,2\gamma)$ 内仅有解 X^*. ■

在该定理同样条件下, 简化的 Newton 迭代法 (6.31) 也收敛于方程组 (6.1) 在 $S(X_0,2\gamma)$ 内的解 X^*, 其结论可参见定理 6.7.

6.5 迭代法的收敛速度

求解非线性方程 (6.1) 有多种迭代方法, 但其在同一精度要求下所需计算时间不尽相同, 为此需要给出刻画收敛速度的指标及其判据, 借此评价各种迭代方法的计算效率.

定义 6.1 设有求解非线性方程 (6.1) 的迭代方法, 其迭代序列 $\{X_k\}$ 收敛于方程的精确解 X^*. 若存在 $\mathbb{R}^n$ 中的某向量范数 $\|\cdot\|$ 及常数 c, $p>0$, 使得

$$\|X^*-X_{k+1}\|\leqslant c\,\|X^*-X_k\|^p,\quad k=0,1,\cdots,$$

则称该迭代方法是 p **阶收敛的**. 特别, 当 $p=1$ 时, 称其为**线性收敛的**; 当 $0<p<1$ 时, 称其为**超线性收敛的**; 当 $p=2$ 时, 称其为**平方收敛的**.

在适当条件下, 我们可以证明: 弦截法 (6.4) 是超线性收敛的, Steffensen 方法 (6.17) 是平方收敛的. 对于一般 Picard 迭代法, 则有如下收敛阶判据.

定理 6.5 设 $\Phi(X)$ 在其不动点 X^* 的某邻域内 p 阶连续可微, 且

$$\Phi^{(i)}(X^*)=0(i=1,2,\cdots,p-1),\quad \Phi^{(p)}(X^*)\neq 0,$$

则 Picard 迭代法 (6.20) 是 p 阶收敛的.

证明 由于 Φ 在其不动点 X^* 的某邻域内连续可微, 且 $\Phi'(x^*)=0$, 则根据定理 6.3, 存在 X^* 的某邻域 $S(X^*,\delta)$, 使得迭代格式 (6.20) 自任意迭代初值 $X_0\in S(X^*,\delta)$ 出发收敛于不动点 X^*. 又根据 Taylor 展开定理及已知条件, 存在 X^* 的某邻域 $S(X^*,\hat{\delta})\supset S(X^*,\delta)$, 使得所有 $X_k\in S(X^*,\hat{\delta})$, 且有

$$\begin{aligned}\Phi(X_k)=&\Phi(X^*)+\sum_{i=1}^{p-1}\frac{\Phi^{(i)}(X^*)}{i!}(X_k-X^*)^i\\&+\int_0^1\frac{(1-\theta)^{p-1}}{(p-1)!}\Phi^{(p)}(X^*+\theta(X_k-X^*))(X_k-X^*)^p\mathrm{d}\theta\\=&\Phi(X^*)+\int_0^1\frac{(1-\theta)^{p-1}}{(p-1)!}\Phi^{(p)}(X^*+\theta(X_k-X^*))(X_k-X^*)^p\mathrm{d}\theta.\end{aligned}$$

因此,

$$\|\Phi(X_k)-\Phi(X^*)\|\leqslant\frac{1}{p!}\sup_{X\in S(X^*,\hat{\delta})}\|\Phi^{(p)}(X)\|\|X_k-X^*\|^p,\quad k=0,1,\cdots,$$

即

$$\|X_{k+1}-X^*\|\leqslant\frac{1}{p!}\sup_{X\in S(X^*,\hat{\delta})}\|\Phi^{(p)}(X)\|\|X_k-X^*\|^p,\quad k=0,1,\cdots,$$

故迭代法 (6.20) 是 p 阶收敛的. ■

对于 Newton 迭代法 (6.30), 有如下定理.

定理 6.6　在定理 6.4 的条件下, Newton 迭代法 (6.30) 是平方收敛的.

证明　根据定理 6.4 可知 Newton 迭代法 (6.30) 收敛于方程组 (6.1) 在 $S(X_0, 2\gamma)$ 内的唯一解 X^*, 且由微分性质 (1.15) 及定理 6.4 中条件 (a)—(b), 有

$$\begin{aligned}\|X^* - X_{k+1}\| &= \|X^* - X_k + [F'(X_k)]^{-1}F(X_k)\| \\ &\leqslant \|[F'(X_k)]^{-1}\|\|F(X^*) - F(X_k) - F'(X_k)(X^* - X_k)\| \\ &\leqslant \frac{1}{2}\alpha\beta\|X^* - X_k\|^2.\end{aligned}$$

因此, Newton 迭代法 (6.30) 是平方收敛的. ■

对于简化的 Newton 迭代法 (6.31), 有如下定理.

定理 6.7　在定理 6.4 的条件下, 简化的 Newton 迭代法 (6.31) 是线性收敛的.

证明　记 $\varPsi(X) = X - [F'(X_0)]^{-1}F(X)$, 则方程组 $X = \varPsi(X)$ 与方程组 $F(X) = 0$ 等价, 且简化的 Newton 迭代法 (6.31) 可视为如下 Picard 迭代法

$$X_{k+1} = \varPsi(X_k), \quad k = 0, 1, \cdots.$$

由微分性质 (1.15) 及定理 6.4 中条件 (a)—(c), 对于任意 $X, Y \in S(X_0, 2\gamma)$, 有

$$\begin{aligned}\|\varPsi(X) - \varPsi(Y)\| &= \|[F'(X_0)]^{-1}[F(Y) - F(X) - F'(X_0)(Y - X)]\| \\ &\leqslant \|[F'(X_0)]^{-1}\|\|F(Y) - F(X) - F'(X_0)(Y - X)\| \\ &\leqslant \frac{1}{2}\alpha\beta[\|X - X_0\| + \|Y - X_0\|]\|X - Y\| \\ &\leqslant 2\eta\|X - Y\|\end{aligned}$$

及

$$\begin{aligned}\|\varPsi(X) - X_0\| &= \|[F'(X_0)]^{-1}[F(X) - F(X_0) - F'(X_0)(X - X_0) + F(X_0)]\| \\ &\leqslant \|[F'(X_0)]^{-1}\|\|F(X) - F(X_0) - F'(X_0)(X - X_0)\| + \|[F'(X_0)]^{-1}F(X_0)\| \\ &\leqslant \frac{1}{2}\alpha\beta\|X - X_0\|^2 + \gamma \leqslant (2\alpha\beta\gamma + 1)\gamma \leqslant 2\gamma.\end{aligned}$$

因此, $\varPsi$ 是闭凸集 $S(X_0, 2\gamma)$ 上的压缩映射, 且 $\varPsi(S(X_0, 2\gamma)) \subset S(X_0, 2\gamma)$. 故根据定理 1.13 及定理 1.14 可知: 在 X_0 的邻域 $S(X_0, 2\gamma)$ 内方程组 $X = \varPsi(X)$ (即 $F(X) = 0$) 存在唯一解 X^*, 且简化的 Newton 迭代法 (6.31) 收敛于 X^*, 其满足

$$\|X_{k+1} - X^*\| \leqslant 2\eta\|\|X_k - X^*\|.$$

因此, 简化的 Newton 迭代法是线性收敛的. ■

6.6 修改的 Newton 迭代法

Newton 迭代法 (6.30) 的实际计算格式为

$$\begin{cases} F'(X_k)\Delta X_k = -F(X_k), \\ X_{k+1} = X_k + \Delta X_k, \quad k = 0, 1, 2, \cdots. \end{cases} \tag{6.40}$$

因此, 其每步迭代主要是需要求解一个关于 ΔX_k 的线性方程组. 为提高求解该线性方程组的计算效率, 人们应用第 2, 4, 5 章中各种线性方程组的求解方法获得了系列修改的 Newton 迭代法. 如: 应用 LU 分解法、QR 分解法分别获得了 Brown 方法和 Brent 方法; 应用 Jacobi 迭代法、Gauss-Seidel 迭代法、SOR 迭代法、JOR 迭代法分别获得了 Newton-Jacobi 迭代法、Newton-Gauss 迭代法、Newton-SOR 迭代法和 Newton-JOR 迭代法; 应用最速下降法、共轭梯度法、Krylov 子空间方法则分别获得了 Newton-最速下降法、Newton-共轭梯度法、Newton-Krylov 子空间方法等.

另一类提高 Newton 迭代法计算效率的方法是**拟 Newton 迭代法**, 其基本思路是寻找 Jacobi 阵 $F'(X_k)$ 的逼近阵 A_k 以避免迭代过程涉及导数的计算. 例如: 利用差商替代 $F'(X_k)$ 中的微商, 则产生离散型 Newton 迭代法; 利用线性插值函数 $L_k(X) = A_kX + b_k$ 替代 $F(X)$, 则产生向量型弦截法. 此类方法中的著名方法还有 Broyden 方法、向量型 Steffensen 方法等.

当取步长 $h = 1$, 应用显式 Euler 法于 Cauchy 问题

$$\begin{cases} X'(t) = -[F'(X(t))]^{-1}F(X(t)), \\ X(0) = X_0 \end{cases} \tag{6.41}$$

时, 所得格式与 Newton 迭代格式 (6.30) 一致. 此外, 由等式

$$\frac{\mathrm{d}[F(X(t))]}{\mathrm{d}t} = F'(X(t))X'(t) = -F(X(t))$$

得 $F(X(t)) = \exp(-t)F(X_0)$. 因此, 若 $\lim\limits_{t\to\infty} X(t) = X^*$ 存在, 则必有 $F(X^*) = 0$. 由此表明, 在适当条件下, 我们可通过应用各种常微分方程数值方法于 Cauchy 问题 (6.41) 而获得非线性方程 $F(X) = 0$ 的数值解. 该方法称为**连续 Newton 法**.

上述各种修改的 Newton 迭代法的详细描述可参见专著 [4, 5, 13, 15, 16, 17, 18] 及其所列参考文献, 有关 Newton 迭代法的计算实现技术至今仍是一个热门课题, 仍然不断有新算法呈现.

习　题　6

6.1　设 $f(x) \in \mathbb{C}[a,b]$, $f(a)f(b) < 0$, 且在 $[a,b]$ 内有唯一零点 x^*. 证明由二分法产生的序列 $\{x_k\}$ 收敛于 $f(x)$ 在 $[a,b]$ 内的零点 x^*, 且满足下列误差估计

$$|x^* - x_k| \leqslant \frac{b-a}{2^{k+1}}, \quad k \geqslant 0.$$

6.2　利用二分法求 $\sqrt[3]{48}$ 的近似值, 要求精确到 10^{-8}.

6.3　分别利用弦截法和 Steffensen 方法求方程 $2\cos x = 1 + \sin x$ 在 $\left[0, \frac{\pi}{4}\right]$ 内的近似根, 要求精确到 10^{-8}, 并比较二者的计算效率.

6.4　设 $\varphi(x) \in \mathbb{C}^{(1)}([a,b])$, 方程 $x = \varphi(x)$ 在 $[a,b]$ 内有一根 x^*, 且

$$|\varphi'(x) - 3| < 1, \quad \forall x \in [a,b],$$

试构造一个局部收敛于 x^* 的迭代公式.

6.5　已知方程 $x + \sin x - 1 = 0$ 在 $x_0 = 1/2$ 附近有唯一根, 试问如何选择常数 a, 使得迭代格式

$$x_{k+1} = \frac{ax_k - \sin x_k + 1}{1+a}$$

求解其方程时能快速收敛, 并用该迭代格式求其方程的根, 要求精确到 10^{-8}.

6.6　应用 Newton 迭代法求解方程 $x = 2\sin\left(x + \frac{\pi}{3}\right)$ 最小正根, 要求精确到 10^{-8}.

6.7　设 $f(x) = 0$ 有根 x^*, 其中 $f(x)$ 在 x^* 的某邻域内二阶连续可微, 且 $f'(x^*) \neq 0$, 证明 Steffensen 方法 (6.17) 是平方收敛的.

6.8　$f(x) = 0$ 有 m 重根 x^*, 其中 $f(x)$ 在 x^* 的某邻域内三阶连续可微. 证明修改的 Newton 迭代法

$$x_k = x_{k-1} - m\frac{f(x_{k-1})}{f'(x_{k-1})}, \quad k = 1, 2, \cdots$$

是平方收敛的.

6.9　(实验题) 设有非线性方程组

$$\begin{cases} 6x - 2\cos(yz) - 1 = 0, \\ \sqrt{x^2 + \sin z + 1.06} - 9(y + 0.1) = 0, \\ 3\exp(-xy) + 60z + 10\pi - 3 = 0. \end{cases}$$

试分别应用 Picard 迭代法、Picard 加速迭代法及 Newton 迭代法求解该方程组, 要求精确到 10^{-8}, 并比较三者的计算效率.

习题参考答案与提示

习 题 1

1.1 提示：应用夹逼定理证明.

1.2 提示：直接利用向量的 l_p 范数 $(p=1,2,\infty)$ 定义证明.

1.3 提示：注意到存在正交阵 Q 使得矩阵 $A=Q^{\mathrm{T}}\mathrm{diag}(\lambda_1,\lambda_2,\cdots,\lambda_n)Q$.

1.4 提示：直接利用矩阵范数表示式 (1.1)—(1.3) 证明.

1.5 提示：参考定理 1.8 的证明.

1.6

$$\alpha=5,\quad H=\begin{bmatrix}1&0&0&0&0&0\\0&0&0&0&\dfrac{3}{5}&\dfrac{4}{5}\\0&0&1&0&0&0\\0&0&0&1&0&0\\0&\dfrac{3}{5}&0&0&\dfrac{16}{25}&-\dfrac{12}{25}\\0&\dfrac{4}{5}&0&0&-\dfrac{12}{25}&\dfrac{9}{25}\end{bmatrix}.$$

1.7 当 $x=\alpha y$ 时, 可取 $H=I$; 当 $x\neq\alpha y$ 时, 可取 $H=I-2\omega\omega^{\mathrm{T}}$, 这里 $\omega=\dfrac{x-\alpha y}{\|x-\alpha y\|_2}$.

习 题 2

2.1 提示：利用 $e_k^{\mathrm{T}}l_k=0$ 证明.

2.2 提示：注意到矩阵 A_2 的 i 行 j 列元素为

$$a_{ij}^{(1)}=a_{ij}-\frac{a_{i1}a_{1j}}{a_{11}},\quad i,j=2,3,\cdots,n.$$

2.3 提示: 利用引理 4.1 及定理 2.2 证明 $A=LU$, 然后用数学归纳法及 l_{ij} 的表示式证明 $|l_{ij}|<1$.

2.4 $X\approx[-0.59091,\ -1.3409,\ 4.5000,\ 3.4773]^{\mathrm{T}}$.

2.5 $X\approx[1.0000,\ 1.0000,\ 1.0000,\ 1.0000]^{\mathrm{T}}$.

2.6 根据正定矩阵定义及基本复数性质直接证明.

2.7 $X\approx[-0.59091,\ -1.3409,\ 4.5000,\ 3.4773]^{\mathrm{T}}$.

2.8 $X\approx[0.83333,\ 0.66667,\ 0.50000,\ 0.16667]^{\mathrm{T}}$.

2.9 (1) 解 $X=[1,\ 1,\ 1,\ 1]^{\mathrm{T}}$; (2) 由 $\mathrm{Cond}_\infty(A)=4488$ 可知方程组是病态的;

(3) $\hat{X} = [1.8020,\ -0.3564,\ 1.3366,\ 0.7822]^{\mathrm{T}}$, $\hat{e} = 0.6782$.

2.10　提示: 其边值问题的精确解为 $y(x) = 2\cos(\pi x) + 3\sin(\pi x)$.

习　题　3

3.1　$x = [5, 6, 3]^{\mathrm{T}}$.

3.2

$$x = \begin{bmatrix} \frac{3}{5} \\ -\frac{1}{5} \\ 1 \\ 0 \end{bmatrix} + \alpha \begin{bmatrix} 0 \\ -\frac{1}{3} \\ 1 \\ 0 \end{bmatrix} + \beta \begin{bmatrix} 0 \\ -\frac{1}{3} \\ 0 \\ 1 \end{bmatrix}, \quad \forall \alpha,\ \beta \in \mathbb{R}.$$

3.3　提示: 利用 l_2 范数的性质证明命题的第一部分; 引入辅助函数 $f(\alpha) = \|A(x+\alpha w) - b\|_2^2$ 证明命题的第二部分.

3.4　$Q(x) = 3.8970 + 20.7507x - 15.3467\sin x - 3.4648\mathrm{e}^{x}$.

3.5　$y = 0.973 + 0.050x^2$.

3.6　提示: 首先证明存在着 Householder 变换 $H_1, H_2, \cdots, H_n$ 使得

$$QL = \begin{bmatrix} L_1 \\ 0 \end{bmatrix}\begin{matrix} n \\ m-n \end{matrix}, \quad \text{这里 } Q = H_n H_{n-1} \cdots H_1, \quad L_1 \in \mathbb{R}^{m\times n}\text{为下三角阵};$$

然后证明

$$\|Lz - Pb\|_2^2 = \|L_1 z - c_1\|^2 + \|c_2\|^2, \quad \text{这里 } \begin{bmatrix} c_1 \\ c_2 \end{bmatrix}\begin{matrix} n \\ m-n \end{matrix} = QPb.$$

3.7　提示: 注意到问题的精确解为 $x(t) = b\mathrm{e}^{-at}$, 因此 $\ln[x(t)] = \ln(b) - at$. 故可取基函数 $\varphi_1(t) = 1$, $\varphi_2(t) = t$, 对 $\ln[x(t)]$ 的数据进行拟合, 用正则化方法可导出 $a \approx 4$, $b \approx 120$.

习　题　4

4.1　提示: 利用递推关系

$$X^{k+1} - X^* = B(X^{k+1} - X^*)$$

及 B 的 Jordan 标准型证明.

4.2　提示: 设法证明 B 的全体特征值满足 $|\lambda| < 1$.

4.3　提示: 分别应用定理 4.4 和定理 4.6 证明.

4.4　提示: (用反证法) 通过证明序列 $\{X_k^{\mathrm{T}} A X_k :\ X_k = X^{(k)} - X^*\}$ 单调递减导出矛盾.

4.5　提示: 应用 Gerschgorin 圆盘定理证明.

4.6　提示: 参见文献 [12].

4.7　提示: 参见文献 [12].

4.8 提示：参见文献 [3].

4.9 提示：$|\det(B_{\text{SOR}})| = \prod_{i=1}^{n} |\lambda_i^{B_{\text{SOR}}}| = (1-\omega)^n$.

4.10 提示：方程组的精确解为 $X = [1,\ 2,\ 3,\ 4,\ 5]^{\text{T}}$.

习 题 5

5.1 提示：直接利用二次泛函 $\Phi(X)$ 的定义可证明等式 (5.6)，应用矩阵分解 $A = S^{\text{T}}\Lambda S$ (其中 S 为正交阵，Λ 为以 A 的特征值为对角元的对角阵) 及等式 (5.6) 可证明其不等式.

5.2 提示：首先，利用反证法证明向量组 $P_0,\ P_1,\ \cdots,\ P_{k-1}$ 的线性无关性. 其次，记 $A^{-1} = [\alpha_1,\ \alpha_2,\ \cdots,\ \alpha_n]$，则由下列等式:

$$\alpha_k = \sum_{i=0}^{n-1} c_{ki} P_i, \quad e_k = A\alpha_k, \quad k = 1, 2, \cdots, n$$

及 $P_0,\ P_1,\ \cdots,\ P_{k-1}$ 关于 A 的共轭正交性可证 A^{-1} 的表达式.

5.3 提示：注意到等式

$$r = \sum_{i=1}^{n} \alpha_i \xi_i, \quad A^{k-1} r = \sum_{i=1}^{n} \alpha_i \lambda_i^{k-1} \xi_i \quad (1 < k \leqslant n),$$

其中 ξ_i 为从属于特征值 λ_i 的特征向量.

5.4 提示：应用定理 5.3 中性质 (4) 及题 5.3 结论证明残量 $r_k := b - AX_k = 0$.

5.5 提示：用共轭梯度法求解正则化方程组 $A^{\text{T}}AX = A^{\text{T}}b$.

5.6 提示：其方程组的精确解为 $X^* = [50,\ 49,\ \cdots,\ 1]^{\text{T}}$.

习 题 6

6.1 提示：参见 6.1 节.

6.2 迭代 29 次获得 $x \approx 3.63424118235707$.

6.3 弦截法: 迭代 5 次获得 $x \approx 0.64350110879328$; Steffensen 方法: 迭代 4 次获得 $x \approx 0.64350110879328$.

6.4 $x_{k+1} = \dfrac{1}{2}[3x_k - \varphi(x_k)]$.

6.5 $a = \cos(1/2)$, $x \approx 0.51097342938822$.

6.6 $x \approx 1.35204421150006$.

6.7 提示：利用 Taylor 展开式及收敛阶定义证明.

6.8 提示：利用 Taylor 展开式及收敛阶定义证明.

6.9 Picard 迭代解:

$$\begin{cases} x \approx 0.50000000000000, \\ y \approx 0.00000000003320, \\ z \approx -0.52359877559830. \end{cases}$$

Picard 加速迭代解：

$$\begin{cases} x \approx 0.50000000000000, \\ y \approx 0.00000000000002, \\ z \approx -0.52359877559810. \end{cases}$$

Newton 迭代解：

$$\begin{cases} x \approx 0.50000000000000, \\ y \approx -0.00000000000007, \\ z \approx -0.52359877559960. \end{cases}$$

参 考 文 献

[1] Lancaster P, Tismenetsky M. The Theory of Matrices. Orlando: Academic Press, 1985.

[2] Horn R A, Johnson C R. Topics in Matrix Analysis. Cambridge: Cambridge University Press, 1991.

[3] Kress R. Numerical Analysis. New York: Springer-Verlag, 1998.

[4] Ortega J M, Rheinboldt W C. Iterative Solution of Nonlinear Equations in Several Variables. New York: Academic Press, 1970.

[5] 冯果忱. 非线性方程组迭代解法. 上海：上海科技出版社, 1989.

[6] 熊西文, 施吉林, 谢如彪. 数值代数. 武汉：华中工学院出版社, 1986.

[7] 蔡大用. 数值代数. 北京：清华大学出版社, 1987.

[8] 徐树方. 矩阵计算的理论与方法. 北京：北京大学出版社, 1995.

[9] Golub G H, van Loan C F. Matrix Computations. London：Johns Hopkins University Press, 1996.

[10] Jin X. Developments and Applications of Block Toeplitz Iterative Solvers. Beijing：Science Press, 2002.

[11] Saad Y. Iterative Methods for Sparse Linear Systems. Philadelphia: SIAM, 2003.

[12] 徐树方, 高立, 张平文. 数值线性代数. 北京：北京大学出版社, 2013.

[13] 袁亚湘, 孙文瑜. 最优化理论与方法. 北京：科学出版社, 1999.

[14] 黄友谦, 李岳生. 数值逼近. 北京：高等教育出版社, 1987.

[15] Kelley C T. Iterative Methods for Linear and Nonlinear Equations. Philadelphia: SIAM, 1995.

[16] 张诚坚, 覃婷婷. 科学计算引论. 北京：科学出版社, 2011.

[17] 王沫然. Matlab 与科学计算. 北京：电子工业出版社, 2012.

[18] 战同胜. 数值方法简明算法习题选集. 大连：大连理工大学出版社, 1994.